# 終戦直後の日本

## 教科書には載っていない占領下の日本

歴史ミステリー研究会編



彩図社

# はじめに

今から75年前、日本ははじめて敗戦国となり、アメリカをはじめとする連合国の占領下に置かれることになった。

そして、そこから大混乱が始まった。

8月15日の玉音放送によって負けたと知らされた人々は、半月後には「鬼畜」と呼んでいた敵を、支配者として受け入れなければならなかった。

**いったいこれから日本はどうなるのか**……そんな恐怖と不安を抱えながら、新しいスタートを切ることになったのである。

戦車や戦闘機はもちろん、銃剣や日本刀など、すべての武器は連合国に取り上げられた。

空襲に怯えることはなくなったが、見渡せば街は一面焼け野原で、食べるものも着るものも、住むところさえない。しかたなく人々は、駅や公園のすみ、洞窟といった場所で暮らすことになった。

がれきの中から使えそうなものを拾っては食糧に換えているうちに、あちこちにヤミ市が立ち、どこからか調達されてきた食糧や物資が法外な値段で売り買いされるようになる。

法も秩序も常識も、**かつてあったものがすべてひっくりかえった時代**だったといえるだろう。

しかし人々は、ただ貧困にあえいでいたわけではなかった。

子供たちはアメリカ兵に群がり、甘いものを求めて手を差し出す。大人も映画館で邦画と洋画を同じように楽しみ、エロ・グロ・ナンセンスが売りのカストリ雑誌や英会話本をこぞって買い求める。

たびたび起きる不気味な事件におびえつつも、新しくなった紙幣を握り、集団お見合い会で見つけた相手と新しい家庭を持って、次の時代への準備をすることになる。どこかあけっぴろげな混乱の中に、**新たな胎動**があったのだ。

本書は、そんな時代の日本の姿を、当時の写真とともにまとめたものである。

今となっては過去のことではあるが、これらはすべて、**かつての日本人が実際に体験したこと**である。予測のつかない日々をたくましく生きた彼らの姿を、じっくり味わっていただきたい。

２０２０年７月　　歴史ミステリー研究会

## 1章 戦争の後始末


**その日、人々は玉音放送をどう聞いた？** 18
8月15日のラジオ放送／天皇陛下の初めての肉声／涙を流した人々／降伏を歓迎した人々

**玉音放送のあとに行われた特攻** 22
8月15日の夕方に飛び立った戦闘機／全員出撃を訴えた隊員たち／死に場所を求めての特攻

**「終戦」のあとも続いた戦闘** 26
終戦後に出た「戦死者」／利権のために参戦したソ連／夫婦を乗せて飛び立った特攻機

**戦闘機の墓場になった厚木飛行場** 30
がれきと化したゼロ戦／ガソリンをかけて燃やされる／マッカーサーの刀狩り

【終戦直後の日本　教科書には載っていない占領下の日本】

# もくじ


**日本国内の連合軍捕虜はどうなった？** 34
終戦による解放／日本兵と捕虜の立場が逆転する

**降伏文書調印式でのデモンストレーション** 36
アメリカの戦艦で行われた調印式／空を埋めたアメリカ軍の戦闘機

**がれきの処理に使われた戦車** 38
人力でがれきを片付ける／がれき処理の過程で消えた銀座の川／戦車を改造してブルドーザーにする／兵器の一部は農機具や薪になった

**海外にいた日本人たちの引揚げ** 42
まず先に軍人が日本に帰った／帰国の途から次々と脱落する民間人／シベリアに送られた70万人の日本人

**日本に帰らなかった日本兵たち** 46
みずからの意志で留まった人々／アジア諸国の独立に手を貸す／死刑を恐れて帰らなかった人もいた

**死んだ軍人、死ななかった軍人** 50
玉音放送の前に自殺をした阿南／逮捕の直前に自分の胸を撃った東条

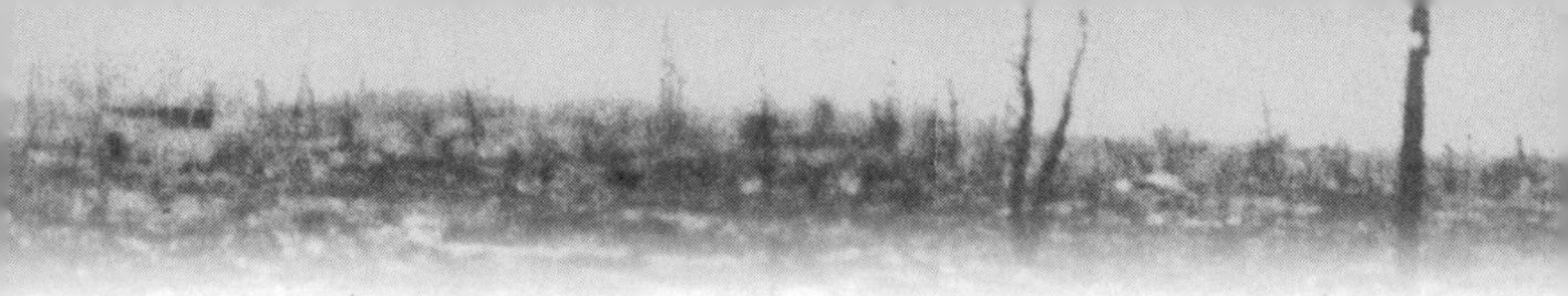

勝者が敗者を裁いた東京裁判 52
リストアップされた戦争犯罪人／B級・C級戦犯はどうなったか／新しくつくった法律で裁かれた人々

クビになった人、ならなかった人 56
国会議員が激減する／松下幸之助は追放をまぬがれる／共産主義者の追放へつながる

## 2章 生きるための戦い

駅・公園・洞窟・船上で暮らす人々 62
駅が一番の住み家／戦後の復興に一役買ったテント村／服を脱いで食べ物を手に入れる

大繁盛したヤミ市 66
敗戦に凶作が加わり悪化した食糧事情／トタン板の上にはなんでもあった／混乱を生き抜くためのホンネ

【終戦直後の日本 教科書には載っていない占領下の日本】

## もくじ


**殺虫剤を頭から吹きかけられた人々** 70
シラミ退治に使われたＤＤＴ／アメリカ人を守るのが第一の目的

**薬局で買えた覚せい剤「ヒロポン」** 72
街にあふれ返った中毒者／錠剤から注射での摂取へ

**物乞いをして命をつなぐ傷痍軍人** 74
傷ついた体を見せて募金を受ける／なかには詐欺師もいた／帰ってきた学生に向けられた偏見の目／シベリアで行われていた洗脳

**犯罪に手を染める戦災孤児** 78
戦争で孤児になった子が犯罪者になる／子供たちに行われた刈り込み

**巨大暴力団に成長した街の自警団** 80
神戸で自警団を結成する／警察が援軍を求めるほどの力を得る

**国会議事堂前でのサツマイモづくり** 82
国会職員が農作業にいそしむ／日本橋や銀座にも畑が出現する／農家が土地を手に入れる

粗悪な食品に飛びついた人々　86
多数の死者を出した「バクダン」酒／原料があやしいカストリ酒／女性や子供はズルチンに夢中

海外からの救援物資に秘められた思い　90
当時の日本人の6人に1人が受けた／戦後の給食に影響を与える／きっかけはアメリカの日系人

## 3章　勝者と敗者

マッカーサーと昭和天皇の秘密会見　96
新聞掲載禁止を命じられた写真／警護をつけず大使館におもむく／プライドを見せた昭和天皇

恐怖とともに進駐軍を迎えた日本人　100
日本にやってきた「鬼畜」／女性を守るために慰安施設ができる

【終戦直後の日本 教科書には載っていない占領下の日本】

## もくじ


**子供を懐柔したチョコレートとB29** 102

「ギブ・ミー・チョコレート」／軍用チョコはまずくつくられていた／B29をながめる日本人の目／翌年には「平和の使節」になる

**日本中に現れた英語の標識** 106

日本の風景を変えた街角の英語／民間人も英語看板をつくった

**戦後初のベストセラーは『日米会話手帳』** 108

360万部のミリオンセラー／類似本が出るとあっさり絶版される

**米兵を魅了した謎のアイドル・東京ローズ** 110

日本政府が流したプロパガンダ番組／逮捕された「東京ローズ」／東京ローズは数人いた？

**GHQ製作のラジオ番組『真相はかうだ』** 114

プロパガンダのような番組／つくっていたのはGHQ／題名を変えて続けられる

**日本とアメリカの間に生まれた子供たち** 118

連合軍が残した〝G－ベビー〟／包の中にあったのは赤ちゃんの死体／冷ややかな世間にもあきらめない／アメリカに乗り込んで活動する

**幻に終わった日本分割占領計画** 122
日本も分裂していたかもしれない／アメリカだけで統治することになる

**憲法改正をめぐる各国のかけひき** 124
天皇を裁きたかった連合軍／天皇を処罰しないと決めたマッカーサー／抵抗する日本側が折れた理由

**謎多きマッカーサー暗殺計画** 128
謎の男「トカヤマヒデオ」／大事件のはずなのに小さな扱い

**マッカーサーに感謝した日本人** 130
自発的に筆をとった日本人／日本政府への失望の反動

**新聞に書かれた「色白の男」の正体** 132
アメリカ兵による数々の〝非行行為〟／検閲によって隠ぺいされた／6年間続いた占領軍の検閲

**原爆の報道に目を光らせたアメリカ** 136
まず日本政府が原爆の事実を隠す／GHQによる新たな検閲が始まる／外国への原爆報道も禁止する／記録フィルムは没収される

もくじ

## 4章　混乱と事件

**ハイパーインフレで物価が100倍になる** 142
米の値段が70倍以上になる／紙幣だけが増えたことによるインフレ

**預金封鎖と新円切替による大パニック** 144
自分の預金が引き出せない／強制的に預金させたあとに税金を課す

**ごく短期間だけ流通した幻の通貨・B円** 146
本土で流通する／沖縄ではしばらく使われた

**アメリカ人の手による経済安定化策** 148
不安定な竹馬のような日本経済／単一為替レートで貿易がスムーズ化／戦争が特需を生み出す

**解体された巨大財閥** 152
日本の資本の3分の1を占めていた財閥／解体を受け入れた財閥・抵抗した財閥／抵抗した三菱を黙らせたGHQ／続々生まれる新しい企業

皇族に対する厳しい対応　156
特権を廃止される／税率90パーセントの財産税

子供たちが教科書を黒く塗りつぶす　158
教育の場で始まった軍国主義の一掃／一部の教科書を没収される

戦後初の公開捜査になった令嬢誘拐事件　160
誘拐されたのは住友財閥の令嬢／過去にも誘拐を繰り返していた犯人

東大生社長が起こした詐欺事件　162
現役東大生が経営していたヤミ金／軍隊時代の暗い過去／社長室で自殺する／無軌道な若者たちの事件

12人が毒殺された帝銀事件　166
予防薬と称して毒を飲ませる／逮捕された人物のあやしい点／本当の犯人は731部隊の関係者？

鉄道にまつわる3つの怪事件　170
総裁がバラバラ死体になって発見される／GHQに行くはずの日に起きた事故／鉄道の大事件が連続して起きる／どれひとつとして解決していない

もくじ

**進駐軍の戦車を出動させた東宝争議** 174
デモやストライキが各地で起こる／運動に反対するスターもいた／撮影所にアメリカ兵や武装警察が来る

**GHQが絡んだ戦後初の大型ワイロ事件** 178
メーカーによるお金のバラマキ／政界の大物が次々と逮捕される／GHQ内部の争いも関係していた

## 5章 立ち上がる人々

**全国で開催された青空集団お見合い** 184
川のほとりに集まった386人／お見合いブーム後に訪れたベビーブーム

**青空の下で学ぶ子供たち** 186
焼け残ったイスや机を使う／子供の居場所としての学校をつくる

**終戦2ヵ月後に発売された宝くじ** 188
1等賞金は10万円・副賞は綿布／賞金１００万円の宝くじが登場

**食べることが娯楽になる** 190
嗜好品が増えてくる／喫茶店が激増する／焼き芋屋の復活／ビヤホールが営業を始める

**しだいに改善されていく生活環境** 194
毎日のように停電になる／改善する電気事情

**終戦直後から花開いた映画産業** 196
邦画も洋画も大人気／ＧＨＱの指導でキスシーンが入る

**カストリ雑誌や本に殺到した人々** 198
エロ・グロ・ナンセンスが大人気／出版社の数は現在よりも多かった／粗悪な用紙に刷られた庶民の娯楽／本を求める人が徹夜の行列をつくる

**8年かけて全国を巡幸した昭和天皇** 202
庶民的な姿であらわれた天皇／人間天皇を印象づける／国旗の掲揚は禁止／沖縄にだけは行けなかった

【終戦直後の日本 教科書には載っていない占領下の日本】

もくじ


**日本人を勇気づけたスターたち** 206

金メダリストよりも速かったトビウオ／ボストンマラソンを制覇した日本人／日本人初のノーベル賞受賞

**多くの分野で活躍を始める女性たち** 210

日本初の婦人警官と女性代議士／デモに参加して自己主張する／ミスコンで美しさを競う／女子プロ野球が始まる

**独立国としての再出発** 214

国際社会への復帰／中国は会議に参加しなかった／アジア諸国へ経済協力や援助を行う／現代に続く決断

**ゼロ戦技術から生まれた現代科学技術** 218

夢の超特急が完成する／現代に引き継がれる技術


※本書では、歴史的な記述等に関してはその世界観を損なわないよう、できるだけ当時に使われていた表記や表現、文言などを尊重して掲載しました。

# 1章 戦争の後始末

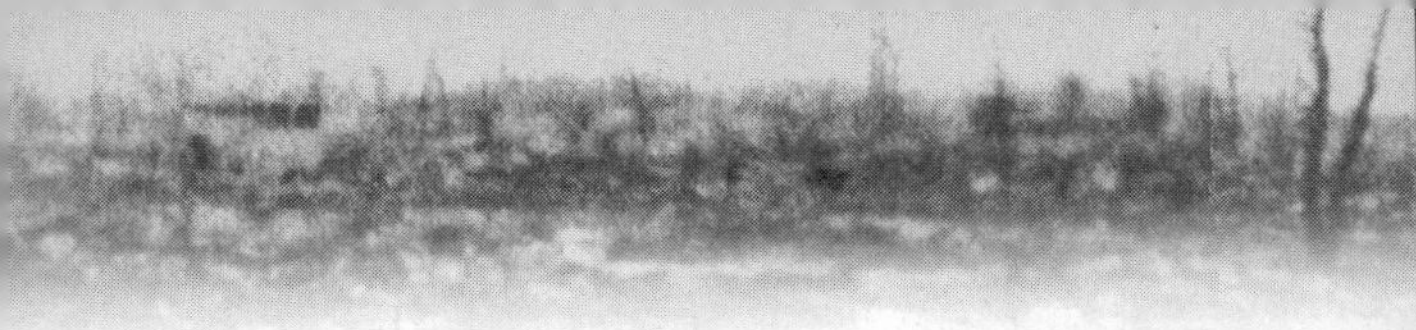

# その日、人々は玉音放送をどう聞いた？

## 8月15日のラジオ放送

「堪え難きを堪え、忍び難きを忍び、もって万世のために太平を開かんと欲す」――。

それまで勝利を信じて疑わなかった日本国民に、天皇陛下による「終戦の詔勅《しょうちょく》」が発表されたのは1945年8月15日の正午のことだ。当日の天気は快晴で、真夏の太陽の光がさんさんと降りそそぐなかで、それは日本中に流された。

現在のようにインターネットもテレビもない時代、国民はどのようにしてこの〝**玉音放送**〟を聞き、何を思ったのだろうか。

## 天皇陛下の初めての肉声

その日は水曜日で、国民には朝から「昼に天皇陛下から**重大な発表**がある」と知らされていた。

人々は街頭や駅、学校など、ラジオのある場所に集まり耳をすませる。

すぐには放送の意味が理解できない人が多

玉音放送を聞き涙する人々。(写真提供：共同通信社)

かったともいわれるが、それは言葉が難解だったからというより、受信状況が今よりも悪くノイズが多かったせいである。

天皇陛下の朗読のあとにはアナウンサーがその内容を何度も繰り返し、意味について解説も行ったため、電波が良好な状態で聴いた大人たちは、すぐさま日本の無条件降伏を理解したという。

そして、日本人は初めてこの放送で天皇陛下の肉声、いわゆる〝玉音〟を耳にした。

人々は日本の敗戦に衝撃を受けたが、**天皇陛下が自分たちと同じような声で話したことにも同じくらい驚いた**のである。

そのため、沖縄でこの放送を聴いたアメリカ兵が日本人捕虜に、この肉声が本物かどうか真偽を尋ねても誰一人として答えられなかったという話もあるほどだ。

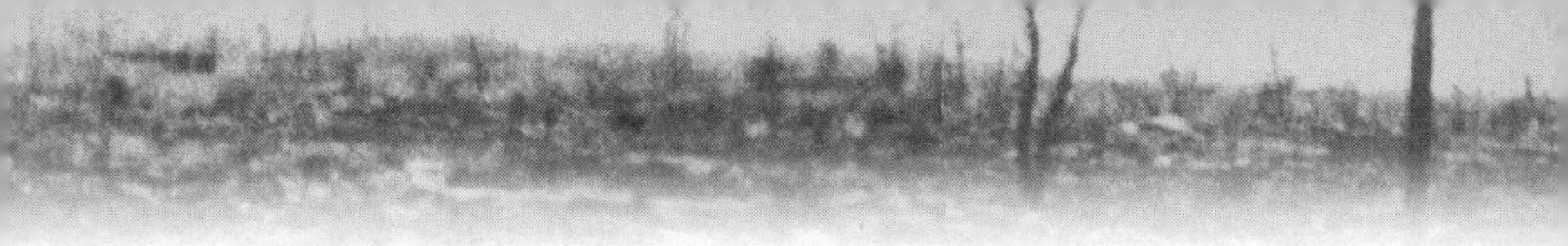

## 涙を流した人々

日本の勝利を信じて疑わなかった人は泣き崩れ、軍人たちの中には絶望してすぐさま自害を決意した者もいた。

また、初めて聞く天皇の肉声とあって、この降伏を信じない者もいた。そんななか、さまざまな反応を示したのが、時代の代弁者ともいうべき当時の作家たちである。

高見順は「**遂に敗けたのだ。戦いに破れたのだ。**（中略）烈日の下に敗戦を知らされた。蝉がしきりと鳴いている。音はそれだけだ。静かだ」と虚無の心情を表し、内田百閒《ひゃっけん》は「熱涙滂沱《ぼうだ》として止まず」と涙にくれた様子を記した。

川端康成は玉音放送前にすでに敗戦の情報を得ていたようで、一家で正装して放送を聴いたと伝えられている。

日本は敗けないと信じていた者は落胆し、戦争に反対していた者は心から安堵した。それぞれがそれぞれの思いで放送を聞いた1日だったのだ。

## 降伏を歓迎した人々

同じ作家でも興味深いのは、反体制派として知られた**永井荷風**だ。

荷風は戦中を挟んで42年間書き続けた日記『断腸亭日乗』で、8月15日のことをこう書いている。

グアムで詔勅を聞く日本兵捕虜たち。（1945年８月15日）

「恰《あたか》も好し。日暮染物屋の婆、鶏肉葡萄酒を持来る、休戦の祝宴を張り皆々酔うて寝に就きぬ」――つまり、終戦祝いの酒盛りをしたというのだ。

ちなみに、荷風は開戦前の日記にこう書いている。

「米国よ。速《すみやか》に起ってこの狂暴なる民族に改《かい》悛《しゅん》の機会を与えしめよ」

荷風は反戦を公言してはいなかったが、開戦前と終戦時の日記からは軍国主義に傾いた日本に対する嫌悪感がおのずと伝わってくるといえる。

もちろん荷風だけではない。これで空襲から逃れられると喜んだ若者や、疎開先からようやく自宅に戻れると胸を撫で下ろした主婦など、敗戦の悔しさよりも**戦争の恐怖からの解放にホッとした人が大勢いたのである。**

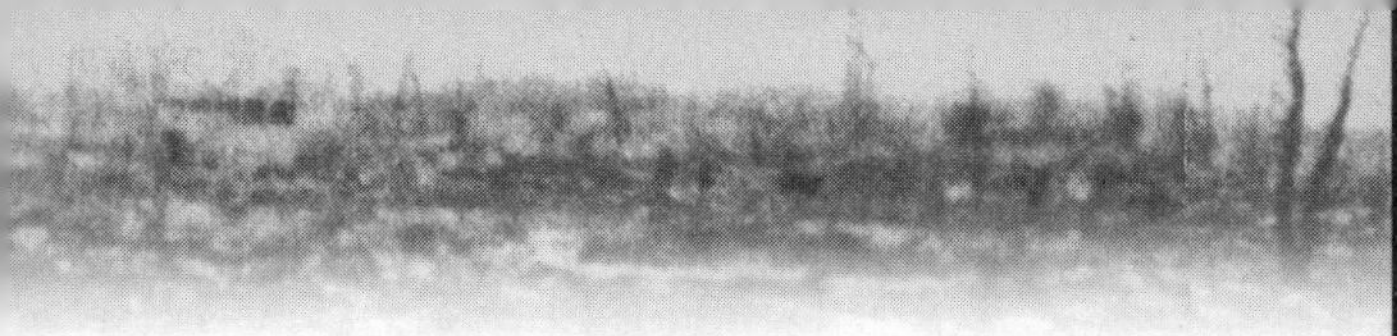

# 玉音放送のあとに行われた特攻

## 8月15日の夕方に飛び立った戦闘機

日本軍は戦争末期になると、特攻による攻撃を開始した。敵艦に突っ込んで体当たり攻撃を行うという、まさに捨て身の作戦だ。

特攻が行われたのはわずか1年あまりだが、その間に数千人もの若者が命を散らしたといわれている。

１９４５年8月15日、昭和天皇が詔勅を発表して戦争が終結したことにより、特攻は中止され、特攻隊員たちも死と隣り合わせの重責からようやく解放された。

ところが、この日の夕方、大分の海軍航空基地から**11機の戦闘機が飛び立った**。

じつは、玉音放送のあとにも特攻が行われていたのだ。

## 全員出撃を訴えた隊員たち

出撃したのは、宇垣纏《まとめ》司令官をはじめとする第五航空艦隊７０１空の隊員たち**23名**だった。

爆撃機「彗星」の前に立つ宇垣。背後では整備員が最後の調整を行っている。

第五航空艦隊は九州の残存戦力を寄せ集めた部隊で、当初から特攻を目的としていた。

本来、特攻は志願制ではあったものの、この時期にはもう熟練した飛行兵も十分な資材もない。そんな状況で戦うとなれば、必然的に特攻という手段しか残されていなかったのである。

午後4時頃、攻撃の訓示を行うために隊員を招集した宇垣は驚いた様子だったという。彼が命じたのは5機だったにもかかわらず、11機が準備を整えていたからだ。

そんなに多くの者が行く必要はないとためらう宇垣に対して、**若い隊員らは全員で出撃すると言って譲らなかった。**

彼らの熱意に胸を打たれた宇垣は、11機で突撃することを決めたのである。

それぞれの機に2人ずつ乗り込み、宇垣の

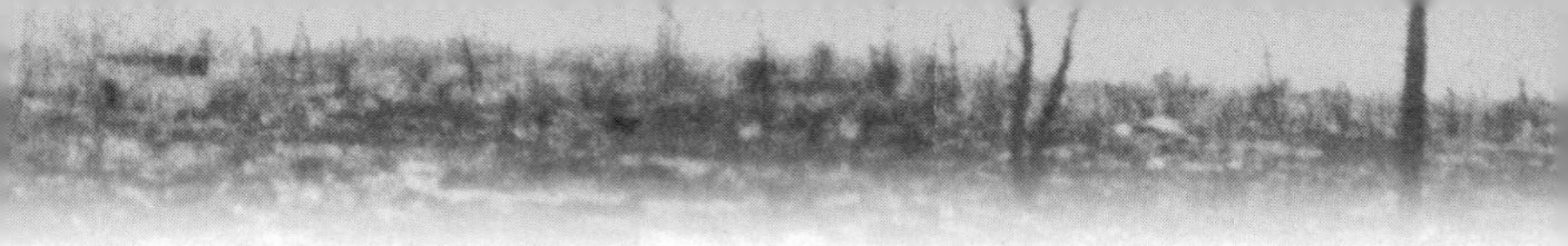

機だけは中津留《なかつる》大尉ともう1人の部下が乗った。
　敵のレーダーにとらえられないよう編隊は組まず、1機ずつ飛び立っていく。最初に宇垣が出発し、残る10機もあとに続いた。そして夕闇が迫るなか、一路、沖縄を目指したのだ。

## 死に場所を求めての特攻

　最後の特攻を決めたのは宇垣だ。おそらく彼は玉音放送の内容を知っていたと考えられている。

　しかし、多くの仲間を死地に送り出した宇垣にとって、降伏は容易に受け入れられるものではなかった。**みずからの死に場所を求めての特攻**だったといえる。

　一方、部下たちには玉音放送を聞いていない者も多く、状況をきちんと把握していなかったようだ。

　結局、この特攻では3機が機体の故障で不時着し、5名が助かった。だが、18名は命を落としたとみられている。

　曖昧な表現になってしまうのは、それ以外はほとんど消息がつかめないためだ。

　島の住民やアメリカ兵の証言によれば、2機だけは沖縄本島北部にある伊平屋《いへや》島に突っ込んだらしい。そのうち1機は宇垣が乗った戦闘機の彗星だったと推測されている。ただし、アメリカ軍に被害は出ていない。ほかの機は周辺の海に落ちたと思われる。

　こうして終戦を迎えたその日にあえて出撃し、命を散らした人たちもいたのである。

隊員を前に、椅子の上に乗って最後の訓示を行う宇垣（中央やや右）。

「彗星」に搭乗した宇垣。この機には中津留達雄大尉・遠藤秋章飛曹長も搭乗した。

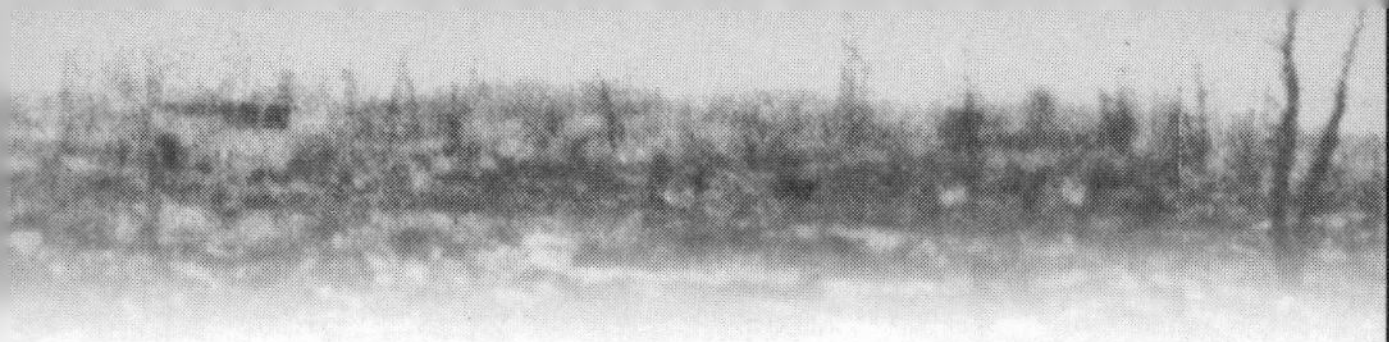

# 「終戦」のあとも続いた戦闘

## 終戦後に出た「戦死者」

1945年8月14日、日本はポツダム宣言を受諾した。これによって戦争は終結し、各地の戦闘もおさまるはずだった。

ところが実際には、**8月15日以降にも陸海軍から「戦死者」が出ており、その数は18万人以上にのぼった。**

この中には戦争中のけがや病気がもとで亡くなった人も含まれているが、戦闘によって命を落とした人もいる。

じつは、終戦後も戦闘状態が続いている場所があったのだ。北海道の千島列島北端にある**占守島**《しゅむしゅ》である。

## 利権のために参戦したソ連

占守島に配備されていた日本軍には降伏と戦闘停止が伝えられ、停戦の処理をする連合軍使節を待つばかりとなっていた。そこへ**8月18日、ソ連軍が上陸してきた**のだ。

日本軍には、ここを破られたら一気に北海

占守島の雪原を進む戦車。

道まで占領されかねないという危機感があった。だから、**自衛のために死守しなければならなかった**のだ。

激戦が繰り広げられ、日本軍はソ連軍に手痛い打撃を与えた。輸送船を撃沈し、島から12キロのロパトカ岬に据えられていた長距離砲を封じた。また主力艦も攻撃し、指揮官の上陸を許さなかった。

この戦闘による日本側のの犠牲者は約600人だったが、ソ連軍は約3000人もの死傷者を出したのである。

急きょ出撃を命じられたソ連軍は準備不足で、対する日本軍には十分な装備が残されていたとはいえ、志気の高さも大きな力になったといえる。

なお、島の工場で働いていた女性たちは先に逃がしていたため、女性の被害者は1人も

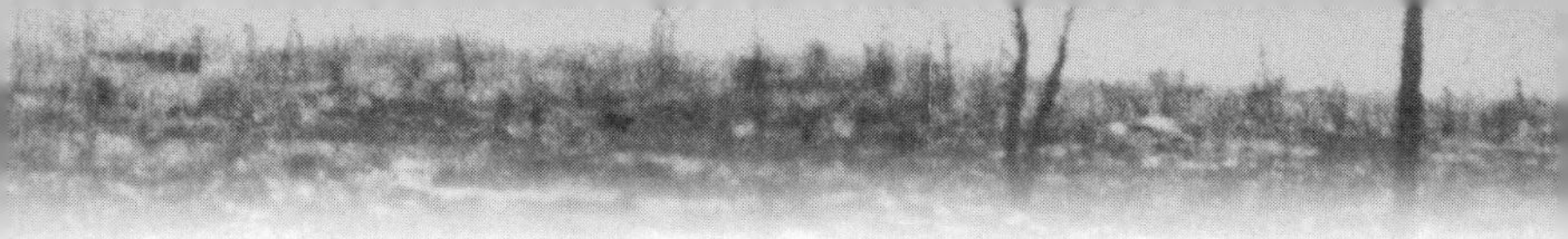

いなかった。

このような事態になった要因のひとつは**ソ連の対日参戦**だ。

当初、ソ連の参戦は8月後半の予定だった。だが、広島への原爆投下によって日本の降伏が早まると読んだスターリンは、9日から攻撃を開始する。**極東における権利を主張するため**だった。

そして、ソ連の侵攻は終戦を迎えても終わらなかったのである。

両陣営の砲弾が飛び交うなか、停戦の使者を命じられた第九十一師団戦車第十一連隊の長島厚大尉は敵地へと向かった。

停戦を疑うソ連側に対して、長島は信用してもらえないならハラキリをするといって決死の覚悟を示したという。

こうして停戦合意が成立したのは22日のことだった。

## 夫婦を乗せて飛び立った特攻機

ソ連軍は満州で暮らしていた日本人たちも脅かしていた。

満州を守っていた関東軍の中では停戦命令を無視するという強硬論も出たものの、最終的には武器を捨てて降伏する決断が下される。

南満州に駐留していた第五練習飛行隊も、飛行機を引き渡すために、8月19日に本部のある錦州《きんしゅう》へ向かうことになった。

しかし、飛び立った11機は錦州に到着していない。じつは、**最後の特攻**を決行しようとしたのだ。

(左) ともに特攻機で飛び立った谷藤夫妻。

(右) 占守島に駐屯していた戦車部隊。

満州に攻め入ったソ連軍は無防備な民間人を殺戮し、手当たりしだいに女性を陵辱していた。そんな残虐行為を許せなかった彼らは、少しでも人々が避難する時間をかせぐために特攻を決意したのである。

特攻に参加した1人である**谷藤徹夫**が乗った機には**新妻も同乗していた**。女性の搭乗は禁じられていたものの、**ソ連軍の手にかかるよりも夫婦で死ぬほうを選んだ**のだ。

11機の行方は今に至るまでわからないが、特攻に成功したという話は伝わっていない。

この行為は命令違反だとして、長い間特攻を行った者たちの存在は無視された。だが、生き残った仲間は名誉回復に力を尽くし、国に彼らが戦没者であることを認定させた。戦後10年以上たってからようやく彼らの名誉は回復されたのである。

# 戦闘機の墓場になった厚木飛行場

## がれきと化したゼロ戦

戦争が終わるや否や、ＧＨＱ（連合国軍最高司令官総司令部）がとりかかったのは日本の武装解除だった。

進駐にあたって、**ＧＨＱは日本人ゲリラによる襲撃を非常に警戒していた**。素直に降伏を受け入れない日本人が抵抗するかもしれないと、神経をピリピリ尖らせていたのである。

襲撃のリスクを避けるためにも日本軍から兵器を取り上げ、無力化することは重要な課題だった。

ＧＨＱのトップであるマッカーサーが日本に降り立ったのは8月30日だが、それ以前から武装解除は始まっていた。

真っ先に着手されたのは、戦時中に海軍航空隊の主要基地として重要視されていた**厚木飛行場**と、東京湾の周辺だ。

マッカーサーの到着を控えた厚木では、大急ぎですべての航空機からプロペラがはずされた。

ただのがれきと化したゼロ戦や、夜間戦闘機「月光」などが転がる厚木飛行場は、日本軍の基地から**戦闘機の墓場**へと姿を変えたの

「墓場」と呼ばれた厚木航空基地の一角。

である。

のちに、この厚木飛行場は米軍厚木基地となったが、2013年に厚木基地の地下壕跡から残骸の一部が発見された。形状などから、「月光」の右翼前縁部とみられている。

## ガソリンをかけて燃やされる

GHQは戦闘機以外にも、戦車、軍艦といったものから、重火器や小銃、弾薬、軍刀に至るまで、**ありとあらゆる兵器を接収した**。

軍需工場では作りかけの兵器や部品、あるいはそれらを製造する機械も接収の対象になっている。

処分の方法はさまざまだ。その場で打ち壊

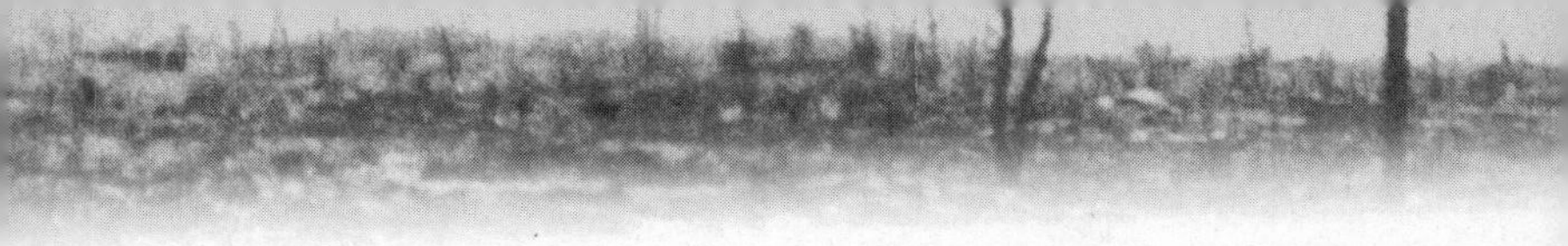

されるものもあれば、ある程度まとめてから破壊される場合もある。

大量に集められた戦車や戦闘機のような大型兵器は、**ガソリンをかけて一気に燃やし尽くされた**。また、小銃や弾薬は**海に投げ捨てられた**。

長年、連合艦隊の旗艦を務めた戦艦「長門」もまた、ビキニ環礁で行われた**核実験の標的**として使われ、海中に沈んだのである。

## マッカーサーの刀狩り

武装解除は軍部だけでなく、民間人にも及んだ。一般国民に対しても、所有するいっさいの武器を引き渡すよう命令が出たのである。

これは**〝マッカーサーの刀狩り〟**とも呼ばれている。

刀剣が見つかると軍事裁判で処罰されるといったデマが飛び交い、人々は混乱に陥った。

そのため、家宝の日本刀や槍など何から何まで差し出す者が出たり、地中深くに埋めて腐らせてしまったりした者がいたという。

日本側はGHQと交渉し、美術品に類する刀剣は接収から除外させることに成功した。また、狩猟で生活している人々にとって必要な猟銃も除外されることになった。

接収された刀剣の一部はアメリカ兵が個人的な戦利品として持ち帰っている。しかし、大半は海に投棄されたり、農耕具に作り替えられたりした。

日本を丸腰にするための武装解除は徹底的に行われたのである。

(上) 40センチ砲が解体されていく様子。(1948年11月)
(左) 廃棄のために集められた日本の戦車。(1945年10月)
(下) 自軍の船艇に武器を積み込むアメリカ兵。このあと、これらの武器は海洋投棄される。(1945年9月)

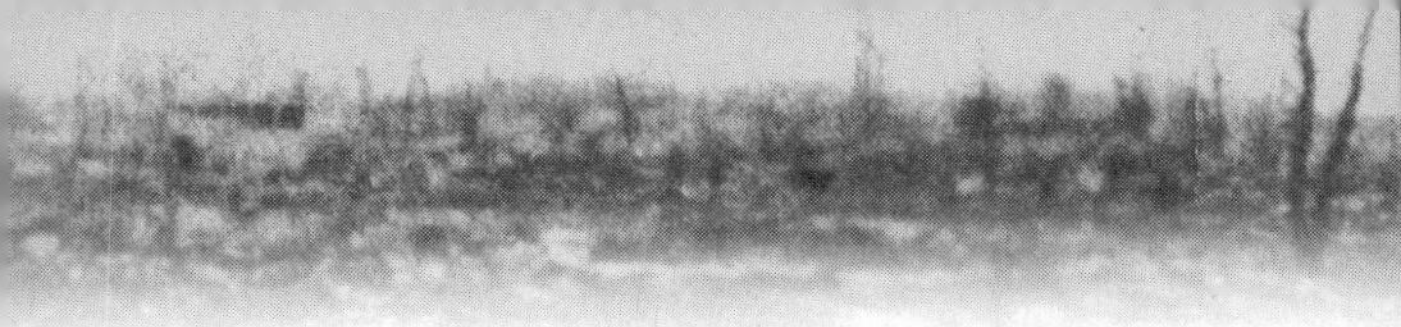

# 日本国内の連合軍捕虜はどうなった？

## 終戦による解放

戦争中、東京、横浜、北海道、名古屋など日本全国38ヶ所に捕虜収容所がつくられていた。施設数は全部で170近くあり、アメリカやイギリス、中国といった国の人々が捕らわれていたのである。

終戦時に収容されていた捕虜の数は、軍人と民間人をあわせて**1万数千人**にのぼる。

十分な食糧も与えられないまま、彼らは炭坑での採掘のような重労働につかされた。また、戦争末期には空襲の巻き添えを食う恐怖も味わった。

そんな捕虜たちにとって、終戦は**待ちに待った解放**を意味した。敗戦で呆然となっている日本兵とは対照的に、収容所から解き放たれる彼らの顔は喜びで明るく輝いていた。

## 日本兵と捕虜の立場が逆転する

終戦を境に、**日本兵と捕虜の立場は逆転した**。横柄な態度をとっていた日本兵が、今度

沖に現れたアメリカの軍艦に国旗を振る捕虜たち。（1945年8月）

は身を縮こめて過ごさなければならなくなったのだ。

捕虜たちは帰国を控えてしばらく収容所暮らしが続いたものの、もう捕らわれの身ではない。収容所からも自由に出入りできるようになった。

街に出た捕虜のなかには消防車を奪い取ったり、日本兵から軍刀を取り上げたりと、**横暴な行動に出る者もいた**。

それまでの鬱憤《うっぷん》を晴らすかのように、捕虜たちは奔放に振る舞ったのである。

しかし、多くの日本人は見て見ぬふりをするしかなかった。

大阪市内では外出中の捕虜を呼び戻すために、夕方になると2回のサイレンが鳴らされた。それが空襲警報のような音だったせいで、**市民は不安をかき立てられた**といわれる。

# 降伏文書調印式でのデモンストレーション

## アメリカの戦艦で行われた調印式

ポツダム宣言の受諾からおよそ半月後の9月2日、連合国と日本の間で降伏文書の調印式が行われた。

場所は東京湾に停泊していたアメリカ戦艦ミズーリ号の甲板で、その周囲は多くの連合軍艦船で取り囲まれていた。

その場で、日本側からは全権大使として赴《おもむ》いた重光葵《まもる》外相と梅津美治郎《よしじろう》参謀総長が、連合国側はマッカーサーをはじめとする10人が文書にサインをした。この調印式をもって、戦争は正式に終了したのである。

## 空を埋めたアメリカ軍の戦闘機

調印式は連合国側の圧倒的な勢力を見せつける場でもあった。

ミズーリ号の甲板や砲塔には、連合軍の将兵や水夫があふれんばかりにひしめいていた。

また、ミズーリ号には**2枚の星条旗**が誇らしげに掲げられた。それらは、幕末にペリー

1945年9月2日の東京湾の様子。

が来航した際のものと、真珠湾攻撃の時にホワイトハウスに掲げられていたものだ。

後者はイタリア降伏の日にはローマに、ベルリンが陥落するとベルリン市内に掲げられたもので、枢軸国の降伏の象徴ともいえる。

その一方で、調印式にあわせて、B29やその他の戦闘機がデモンストレーションフライトを行ってもいる。**総勢2000機近い戦闘機が、轟音を響かせて東京上空を舞った**のである。すべては勝者と敗者の力の差を思い知らせるための演出だった。

そのほか、終戦翌年の7月にはアメリカ独立記念日を祝うパレードが日本で行われている。**皇居前から出発したパレードは都内を一周した。**

こうした数々のデモンストレーションで、アメリカはその軍事力を誇示したのである。

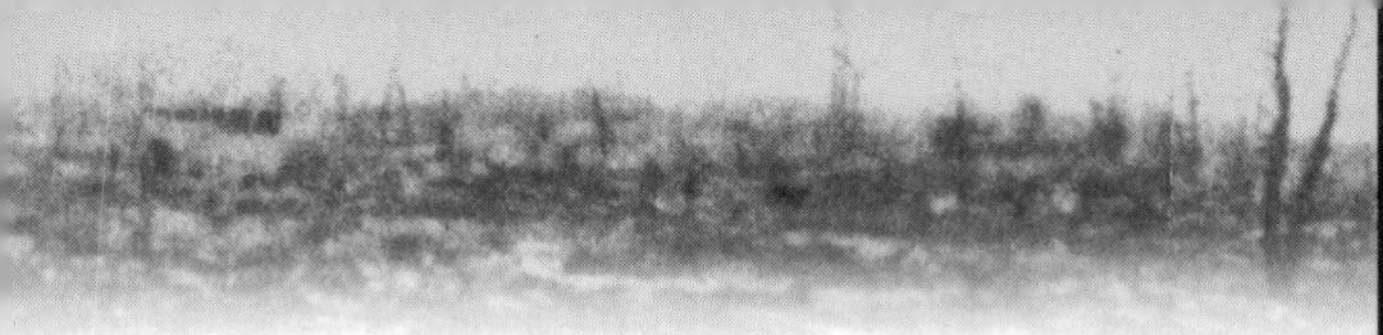

# がれきの処理に使われた戦車

## 人力でがれきを片付ける

戦争が終わり、日本人は連合軍の攻撃に怯える日々から解放された。

ただ、すぐに以前のような暮らしを取り戻せたわけではない。たび重なる空襲によって、東京は焼け野原と化してしまったからだ。

まずは街を再建するべく、人々は復興にとりかかった。

ここで一番の問題となったのが、がれきの処理だ。

かつて市街地だった場所には、建物の土台や焼けた瓦、崩れた壁の残骸などが至るところに残っていた。

しかし、ブルドーザーのような重機もなければガソリンもない。人々は、空きっ腹を抱えたまま、**山ほどあるがれきを人力で片付けなければならなかった**のである。

## がれき処理の過程で消えた銀座の川

そんながれき処理の過程で失われてしまっ

戦車を改造してつくったブルトーザーががれきを処理する様子。このような戦車は「更生戦車」と呼ばれた。（1945年11月）

た川がある。〝銀座の川〟として親しまれた**三十間堀《さんじっけんぼり》**だ。

三十間堀は銀座三越などが建ち並ぶ中央通りと、歌舞伎座近くを通る昭和通りの間、銀座1〜8丁目あたりを流れていた川である。

戦後の昭和通りはがれきの処理場となっていた。しかし、ここにがれきが山積みになっているのは見栄えが悪いと、東京都は占領軍に撤去を命じられる。

そこで、新たな処理場に選ばれたのが三十間堀だった。距離的に近かったことと、すでに川がかなり汚れていたことなどが選ばれた理由のようだ。

工事は1948年に開始され、1952年に終了した。これにより、**銀座の一等地を流れていた川は消えた**のである。

ちなみに、三十間堀には三原橋という橋が

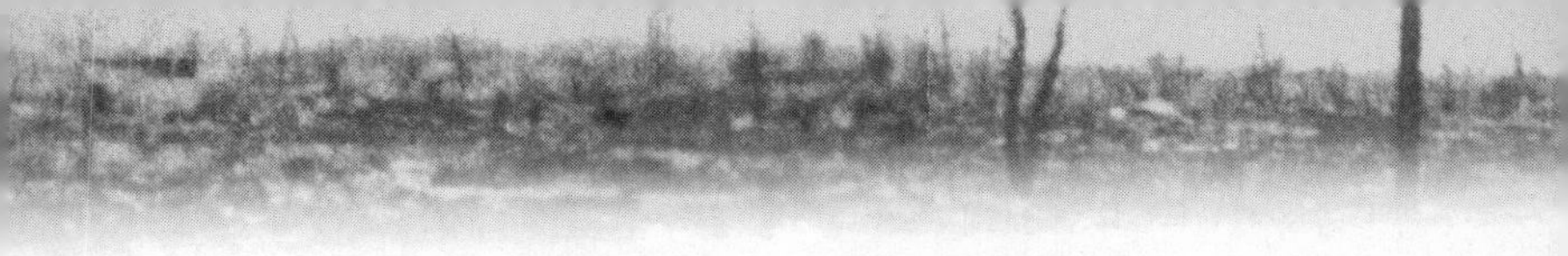

かかっていたが、これだけは残され、その下に「三原橋地下街」がつくられた。
この地下街は、映画館をはじめとした店舗が数多く入る賑やかな街として１９５２年から長年愛されていたが、２０１３年末に閉鎖され、その後再開発が行われている。

## 戦車を改造してブルドーザーにする

戦後、連合軍に接収された兵器の大部分は、廃棄されたりスクラップとなった。

しかし、処分をまぬがれた一部の戦車は持ち主を変えて使われる場合もあった。

たとえば、内戦中の中国やフランスが再進駐したインドシナでは、こうした戦車が再利用されたこともあったようだ。

これらは戦車をそのまま兵器として用いた例だが、日本では**攻撃の機能を取り去り平和利用する試み**がなされている。

当時の日本では、食糧生産を増やすことが急務だった。そのために荒廃した土地を耕して農地を広げたいが、重機はほとんどない。

そこで、日本政府は**戦車をブルドーザーに改造できないかと考えた**のである。

ＧＨＱの了解をとりつけた政府は改造に取り組み、10月末には試作品ができあがった。

実際に利用可能かどうかをＧＨＱに確かめてもらうため、戦時中に戦車を生産していた三菱重工東京機器製作所丸子工場跡地で実験が行われている。

この時、1台は故障で動かなくなったものの、もう1台は20分で50坪（約１６５平方メー

日本軍が兵員装甲輸送車として使っていた車両は改造され、ゴミ収集車として生まれ変わった。

トル）ほどの土ならしに成功した。

## 兵器の一部は農機具や薪になった

その他、スクラップになった兵器もまた、さまざまに形を変えてリサイクルされている。

鍋や釜まで供出して圧倒的に物が不足していた日本にとって、これらは貴重な資源だったのだ。

戦闘機の翼はアルミ素材として再生され、刀剣類は打ち直して**スキやクワなどの農機具**へと姿を変えた。金属部分をはずされた小銃の銃身は**薪《たきぎ》がわり**に使われた。

かつての兵器は、こうして人々を支える物資へと変わっていったのである。

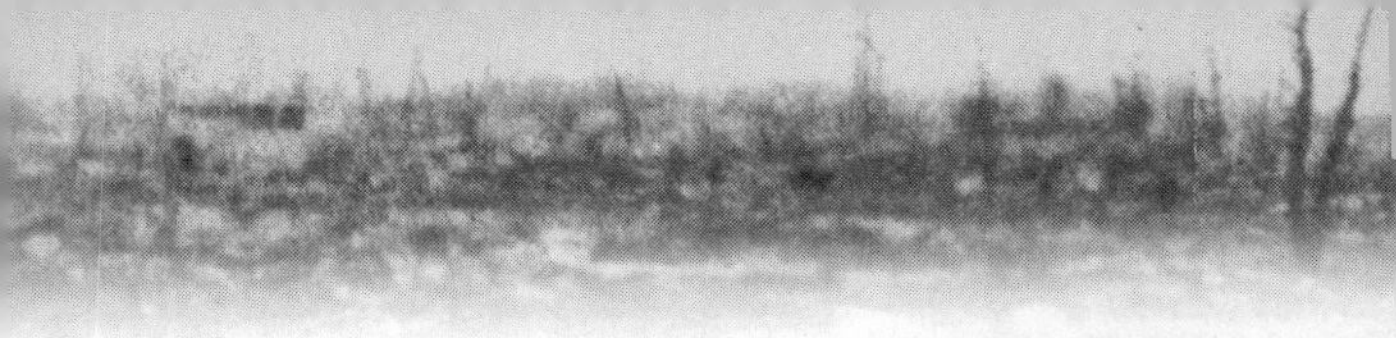

# まず先に軍人が日本に帰った

終戦当時、中国や東南アジア、太平洋の島々には**約６６０万人の日本人**が在留していた。

このうち軍人は３５３万人で、その他は仕事や開拓のために居留していた民間人である。

彼らの引揚げ（帰国）は終戦直後から始まり、１９４６年までに５１０万人が日本へ戻っている。

しかし、その道のりはけっして簡単なものではなかった。

特に苦難を強いられたのは民間人だ。

引揚げは軍人や政府関係者などが優先され、**民間人はいちばん後回しにされた**。

軍人が優先されたのには理由がある。降伏したといっても、元日本兵が反旗を翻《ひるがえ》さないとは限らない。軍隊を解体するためにも、早期に帰国させる必要があったのだ。

とはいえ、日本の輸送能力は乏しく、アメリカ軍が船舶を貸し出してくれて、ようやく大勢の人員を運ぶことが可能になった。

地域によって多少の差はあるものの、こうして軍人の引揚げは比較的スムーズに進められたのである。

引揚げ者を満載して日本に着いた引揚げ船。(1945年10月)

## 帰国の途から次々と脱落する民間人

一方、取り残された民間人には過酷な運命が待っていた。

多くの日本人が暮らしていた満州では、彼らを守ってくれるはずの日本軍はもはやいない。**着の身着のままで、とにかく逃げ出すしかなかった**のだ。

すでにソ連軍が攻め入り、中国は内戦状態にあるという混乱の中での逃亡だった。

昼間は人目を避けて歩き、夜は野宿、食糧も手に入らないという日々が続く。

もともと引揚げ者の大部分は高齢者や女性、子供である。極度の疲労と飢えによって、**次々と脱落する者が出た。**

彼らを脅かしたのはそれだけではない。現地の住民に襲撃を受けて持ち物を奪われ、身ぐるみをはがされる場合もあった。

帰国船が待つ港へと向かう途中で、自決する人も少なくなかったという。

そんななか、家族と離れ離れになったり、親と死別する子供が続出した。また、自分が生きるために、あるいは子供だけでも生き延びさせるために、中国人に我が子を託した人もいる。

これがのちの**中国残留孤児問題**につながっていったのである。

こうした孤児たちの身元調査が始まったのは１９８１年からだ。調査が行われたのは約２８００人で、そのうち１２８４人の身元が判明した。

しかし、実際はこれを上回る孤児たちがいたのではないかともみられている。

## シベリアに送られた70万人の日本人

満州の中でもソ連との国境付近に暮らしていた人々は、さらに悲惨な状況に見舞われた。ソ連軍は無防備な民間人に攻撃をしかけ、略奪と暴行を繰り返した。

そのうえ、軍人・民間人の区別なく大勢の日本人を自国へと連れ帰ったのだ。その数は70万人とも80万人ともいわれている。

彼らは**シベリアに送り込まれ、強制労働に従事させられた**。

大戦で多数の国民を失ったソ連は労働力を求めていたのだ。

（右）引揚げの途中で孤児になった子供たち。右の少女は家族の遺骨を首からさげている。（1946年12月）　（左）舞鶴港で兵士を待つ親子。（1948年５月）

彼らが連れて行かれたのは、冬には摂氏マイナス30度～40度を下回るという極寒の地だった。

そんな土地で、ろくな防寒具も食事も与えられないまま、樹木の伐採や土木工事などの重労働を強いられたのである。

けがや病気をしても、ほとんど治療は受けられない。また、ソ連兵から毎日のように暴行を受けたという。

こういった劣悪な環境に苦しめられ、抑留中に**7万人が死亡したと推定されている**。

シベリアからの引揚げはなかなか進まなかった。短い人でも1年半、最長では11年も抑留された。

京都の舞鶴はシベリアからの引揚げ者が多かった場所だ。いまだ帰らぬ家族を待つ人々で港はあふれかえったのである。

# 日本に帰らなかった日本兵たち

## みずからの意志で留まった人々

終戦を日本国外で迎えた日本兵は３５０万人以上いたとされる。

彼らの引揚げは終戦直後から始まり、シベリアに抑留された人を除いて１９４６年までに帰国作業はほぼ完了した。

しかし、みずからの意志で現地に留まった者もいた。

戦後25年以上もたってから、横井庄一さん、小野田寛郎《ひろお》さん、台湾出身の日本兵である中村輝夫さんらが発見された時には大きなニュースになった。

この３人は**日本の敗戦を信じられずに、ジャングルに隠れてサバイバル生活を続けていた**のである。

彼らは残留日本兵の代表例として取り上げられることも多いため、みなが同じ思いを抱いていたと思ってしまいがちだ。

ところが、こうした理由で残留した人はじつは少ないという。

人によって理由はさまざまだが、そのなかには**アジア諸国の独立運動に身を投じた者も少なくなかった**。

日本軍の武器で武装したインドネシアの民衆。（1946年）

# アジア諸国の独立に手を貸す

日本軍はアジアに進出していく際、「アジアの国々を欧米列強から解放する」という名目を掲げていた。

だが、このスローガンを本気で実現させたいと願う日本兵も多かったのである。

たとえば、**インドネシア**では約1000人の残留日本兵が独立軍に協力した。

日本が敗れたあと、独立軍はインドネシアの支配を狙って進出してきたオランダと激しく対立する。

日本兵は連合軍に引き渡すはずの武器を、この独立軍へ密かに横流しした。

もちろん、おおっぴらにできることではな

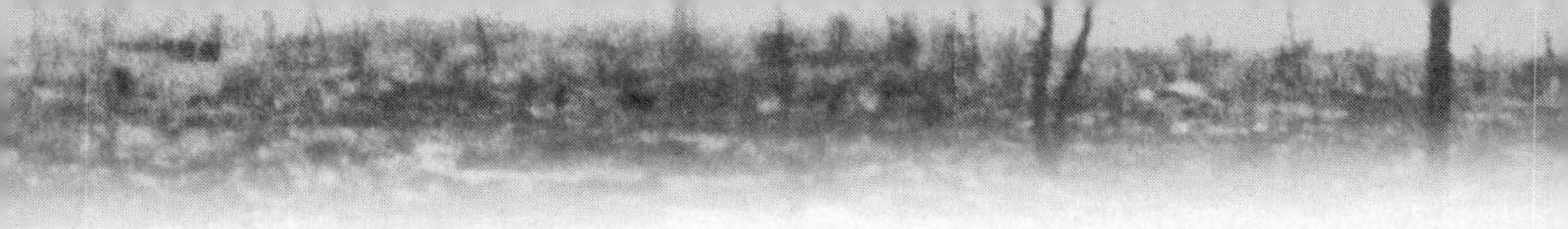

い。わざと武器庫の鍵を落としたり、山中に武器を放置したりして、**独立軍が奪っていける状況をつくり上げていた**。

武器を供給しただけでなく、残留日本兵は作戦や実戦の指導にあたり、**実際に戦闘にも加わった**。

独立運動のさなかに、４００人以上の残留日本兵が死亡、または行方不明になっている。

戦時中の日本軍の行いに対しては非難する声があるとはいえ、残留日本兵がいなければインドネシアの独立はもっと先になっただろうといわれている。

彼らに対する感謝の気持ちから、インドネシアでは今でも独立記念日に日本の軍歌が歌われているそうだ。

また、**ベトナム**にも７００～８０００人が残留したとされる。この中には士官やエリート将校も含まれており、ベトナムの士官学校で教官になった者までいた。義勇兵として独立運動に参加するほか、兵士の育成にも関わった。

のちにベトナム戦争でアメリカ軍を大いに悩ませることになるゲリラ戦法は、この時の残留日本兵が伝えたものだという。

残留日本兵はベトナムが独立を果たすまで、大きな役割を果したと伝えられている。

ほかにも、**マレーシア**に残留した約１００人はやはり独立運動で活躍し、**ビルマ（現在のミャンマー）**には１０００～２０００人が留まったとされる。

さらに、**中国**では国民党と共産党のどちらにも残留日本兵が加わっていた。彼らは中国空軍の創設にも貢献したようだ。

アジア各地の残留日本兵を合計すると１万

（右）のちにインドネシア初代大統領となったスカルノが“捧げ銃”というポーズで敬礼する様子。（1945年３月）　（左）東京都港区にある青松寺にはスカルノから贈られた碑石がある。（©Dondekkon and licensed for reuse under Creative Commons Licence）

人近くになると推定されている。

## 死刑を恐れて帰らなかった人もいた

もっとも、すべての残留日本兵が独立戦争に参加したわけではない。

**日本に戻ると戦犯として裁かれ死刑になるといった噂**も飛び交い、それを恐れて帰国を拒んだケースもある。

あるいは、現地で妻や恋人ができたり、自分の技術を活かして働き口を見つけたりした者もいる。意外と人間臭い理由も存在したのだ。

こうして各地に残留した日本兵たちの多くは、何年かのちに帰国を果たしたが、なかにはそのまま現地で暮らした人もいた。

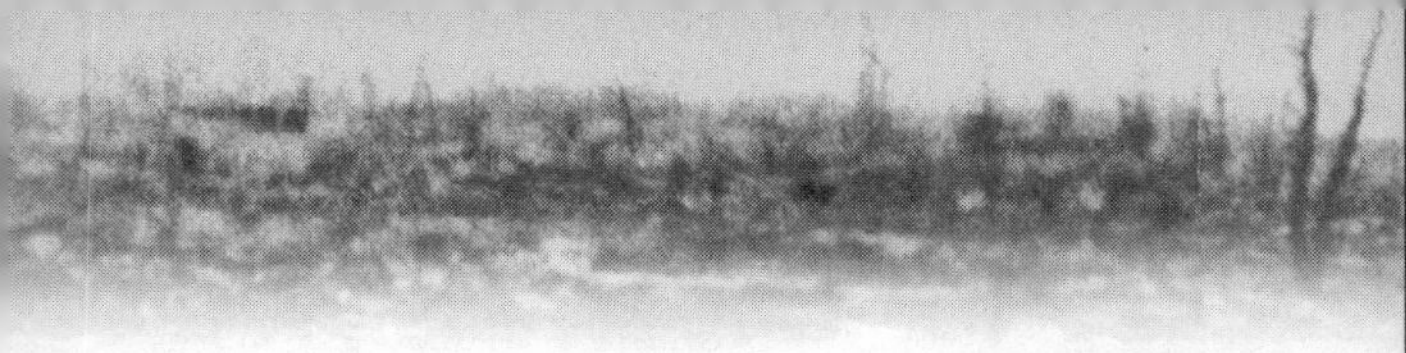

# 死んだ軍人、死ななかった軍人

## 玉音放送の前に自殺をした阿南

終戦を迎え、多くの日本人は胸をなで下ろしたが、軍人のなかには自決という道を選んだ者も少なくない。

降伏に納得できずに反乱を起こそうとした畑中健二少佐や椎崎二郎中佐らは、計画に失敗して自決した。

死という選択肢しかない特攻を発案した軍令部次長の大西瀧治郎も、8月16日に自決している。大西もまた徹底抗戦派だった。

なかでも、もっとも早く自決をしたのは陸相だった**阿南惟幾《あなみこれちか》**だ。国を敗戦へと追い込んだ陸軍のトップとして、痛烈に責任を感じていたようである。阿南は**玉音放送を聞くことなく、15日の朝に割腹自殺を遂げた**。

## 逮捕の直前に自分の胸を撃った東条

9月に入っても立て続けに自決者が出たが、こちらは少々事情が違う。彼らは**戦犯容疑者**にリストアップされていたのだ。

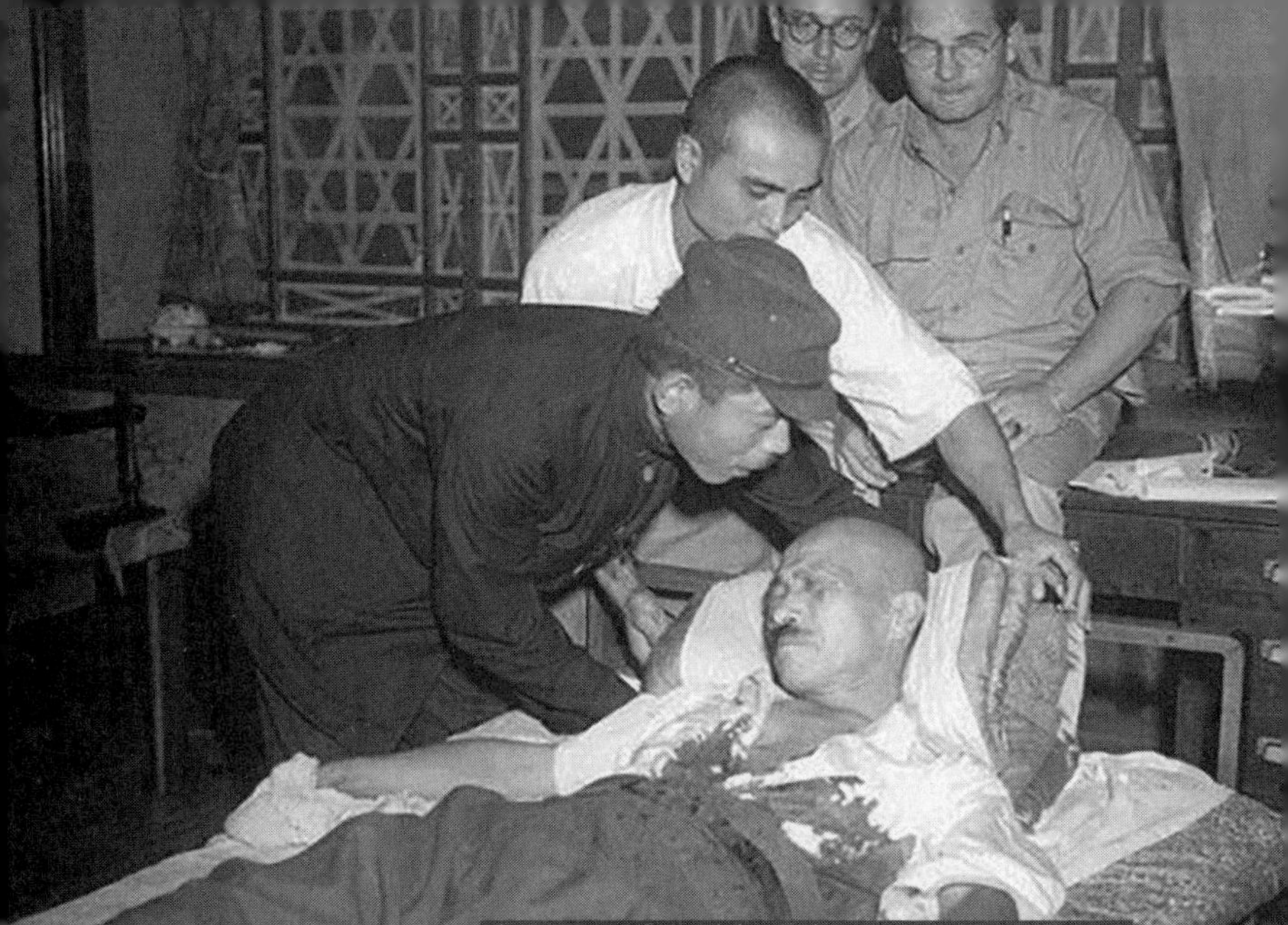
自殺を図った直後の東条。治療にはアメリカ軍も参加した。

第1次のリストが発表されたのは9月11日で、12日に杉山元元帥《げんすい》が、13日に元厚生大臣の小泉親彦《ちかひこ》が、14日に元文相の橋田邦彦がみずから命を絶っている。戦時中の罪を逃れるためか、逮捕前に自殺を図ったのだ。

**東条英機《ひでき》**も逮捕にやってきたアメリカ軍を待たせ、その間に拳銃で胸を撃っている。しかし、弾がわずかに急所をはずれたために一命を取り留めたのだ。

東条自殺未遂のニュースは、たちまち広まった。戦時中の東条は、**生きて捕虜となるくらいなら自決せよと兵士の心得を唱えていた人物**である。

その張本人が自決に失敗し、捕らえられたのだ。**軍人とは思えないような失態**だと世間からは大いに非難を浴び、以後の東条は極悪人のレッテルを貼られる結果となった。

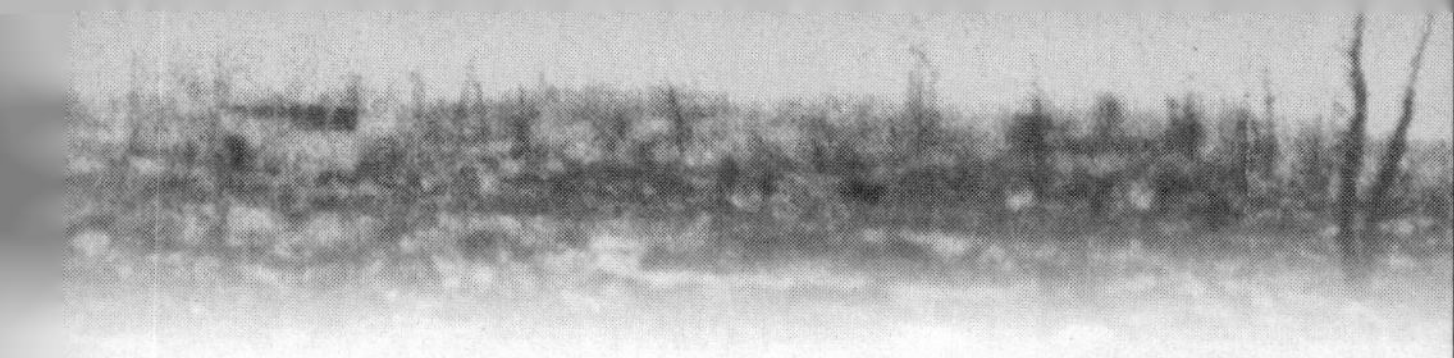

# 勝者が敗者を裁いた東京裁判

## リストアップされた戦争犯罪人

1946年5月3日、旧陸軍士官学校の講堂で東京裁判が始まった。

東京裁判の正式名称は「極東国際軍事裁判」といい、第2次世界大戦で戦勝国となったアメリカを中心とする連合国が敗戦国となった日本の戦争犯罪を裁いたものである。

この法廷に立たされたのは、連合国側が「戦争犯罪人」として指定した戦争当時の日本のいわゆる大物指導者28人で、全員が**「平和に対する罪」（A級犯罪）**の容疑で起訴された。

だが、この28人というのはかなり絞り込まれた人数だった。

マッカーサーは、日本占領が始まるとただちに戦争犯罪人リストをつくらせたのだが、アメリカには日米開戦時に首相だった**東条英機**や戦死した海軍大将の山本五十六《いそろく》くらいしか情報がなかったという。

そこで、とりあえず東条内閣の当時の閣僚がリストアップされた。その中には、のちに首相になる**岸信介**も含まれていた。

また、戦後に政界で暗躍する**笹川良一**や**児《こ》玉《だま》誉《よ》士《し》夫《お》**など、約140人がA級犯罪の容疑

東京裁判の裁判官席。背後には戦勝国の国旗が立てられている。

で東京の巣鴨拘置所に送られたのだ。

そして、被告の選定で28人が残され、それ以外は不起訴になるなどして法廷に立つことはなかった。

また、外国人戦犯としては、第15代フィリピン大統領の祖父**ベニグノ・アキノ・シニア**もA級犯罪の容疑がかけられたが、その後に該当しなかったとされている。

東京裁判は2年半におよび、公判中に日米開戦時の外務大臣だった**松岡洋右**《ようすけ》と元軍令部総長の**永野修身**《おさみ》の2名が病死する。

さらに、A級犯罪で起訴された唯一の民間人である**大川周明**《しゅうめい》は、裁判に水色のパジャマと裸足に下駄という姿で出廷し、東条英機の頭を叩くなどおかしな言動をとったため、精神異常と判断されて起訴をまぬがれた。

だが、残る25人には全員に有罪判決が下さ

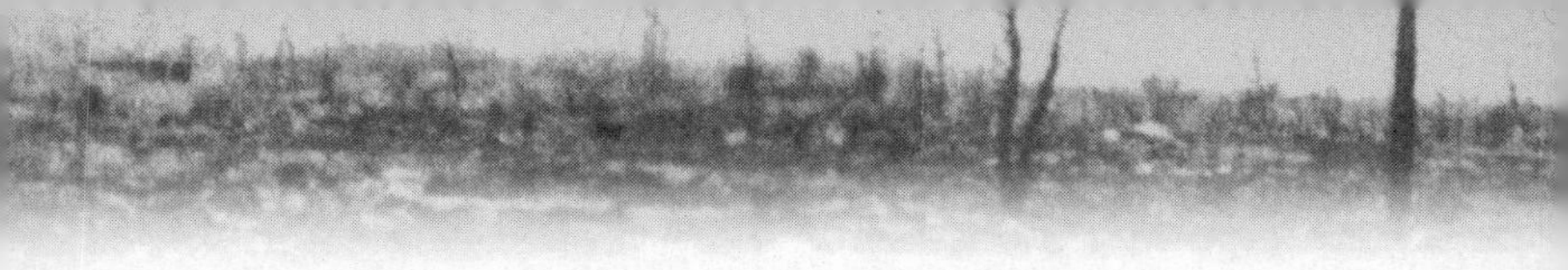

れた。そのうち**7人が絞首刑、16人が終身刑、2人が期限つきの禁固刑**という厳しい判決が言い渡されたのだ。

絞首刑は、1948年12月23日に執行された。また、終身刑となった16人の中には服役中に死去した者もあったが、ほとんどが仮釈放で出獄している。

## B級・C級戦犯はどうなったか

東京では裁かれなかったが、**B級犯罪とC級犯罪**についても多くの日本人が戦犯として国内外で逮捕され、5000人以上が有罪になり、**900人以上が処刑された**という。

B級犯罪とは「通常の戦争犯罪」、C級犯罪とは「人道に対する罪」と定義されている。

A級、B級、C級などというと、まるで犯罪に階級があり、その中でA級がもっとも悪質な犯罪であるかのように思われがちだ。

しかし、このA、B、Cというのは、戦争犯罪人を裁くためのルールを定めた国際裁判所憲章第5条の中の（a）（b）（c）という単なる分類にすぎない。裁判所憲章の日本語訳では（イ）（ロ）（ハ）となっているので、「イ級犯罪」といっても問題なかったのである。

## 新しくつくった法律で裁かれた人々

東京裁判は、現在も不当な裁判だといわれることがある。

BC級裁判での光景。連合軍元捕虜が、収容所で自分を殴った男を指差している。（1946年5月）

というのも、日本がポツダム宣言を受諾した当時の国際法には、A級犯罪の「平和に対する罪」やC級犯罪の「人道に対する罪」などという罪は存在していなかったからだ。

この2つの罪は、1946年にマッカーサーが中心となってつくった極東国際軍事裁判所条例で独自に規定したものだ。つまり、**新しくつくった法律で過去の犯罪を裁いた**のだ。

日本側弁護団の副団長を務めた清瀬一郎は、この不当性を突いて、東京裁判そのものが国際法違反だと述べた。

また、裁判長のウェッブについても、検事と判事を兼ねており、裁判長としてはふさわしくないと緊急動議を申し出ている。

だが、どの主張も結局は無視された。こうして、日本側の主張は聞き入れられることなく徹底的に裁かれたのである。

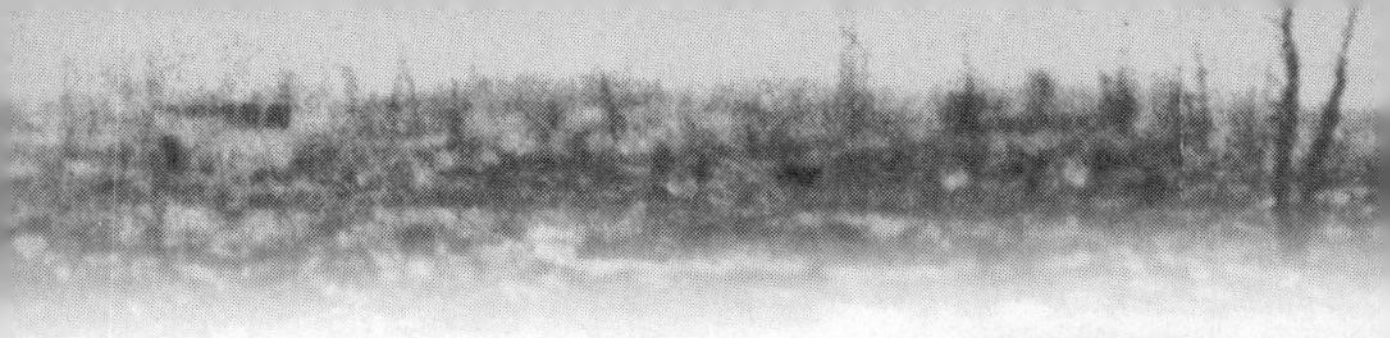

# 国会議員が激減する

終戦を迎えた日本国内では、内閣が目まぐるしく入れ替わる政治的な混乱が続いた。

終戦を決定した鈴木貫太郎内閣が8月15日に総辞職し、かわって17日に成立した東久邇《ひがしくにの》宮稔彦《みやなるひこ》内閣も10月５日までしかもたなかった。その後、新たに幣原《しではら》喜重郎が首相になったのである。

そんななか、１９４６年1月には戦後初の総選挙が予定されていた。

ところが、ＧＨＱによって選挙は延期させられてしまう。ＧＨＱは、新しい日本にふさわしくない人物を政界から排除することを優先したのだ。

１月４日に**公職追放令**が発表され、ここから大がかりな追放が始まった。

これはリストアップされた者が公職、または民間企業の重要なポストにはつけないという厳しい措置だった。

追放の対象となったのは、戦争犯罪人や職業軍人、大政翼賛会・翼賛政治会の幹部、極端な国家主義団体の有力者、植民地の行政官などのほか、戦争に協力したとみなされた者

公職追放でがらがらになった貴族院の議場。（1946年6月）（写真提供：毎日新聞社）

たちだ。

　選挙の準備を進めていた政党にとって、公職追放は大打撃となった。

　なぜなら、元国務大臣だった町田忠《ちゅう》治《じ》を総裁とする日本進歩党は２７４人の議員のうち、２６０人が立候補できなくなったからだ。

　また、鳩山一郎が率いる日本自由党も43人いた議員のなかで30人が資格を失っている。

　日本進歩党、日本自由党、日本社会党、日本協同党など、**戦後に結成された政党に属する３５７人のうち、じつに３２１人もが追放処分となった**のである。

　表向きは戦争に加担した者が対象ではあったが、**占領政策に反抗的な態度を示す人物**も職を追われた。

　あるいは、**政治上のライバル**を追い落とすために、公職追放が利用された例もあった。

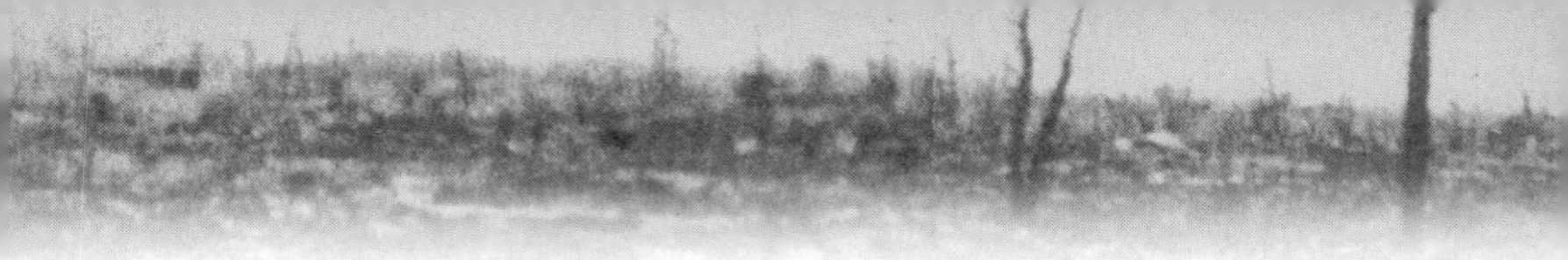

こうして翌年までの1年間に、約20万人が公の場から消えていったのである。

## 松下幸之助は追放をまぬがれる

公職追放は政治家だけでなく、有力企業や新聞社にも及んだ。

たとえば、松下電器の社長だった**松下幸之助**も公職追放の指定を受けた1人だ。戦時中、軍からの命令を受けて飛行機をつくっていたことで、戦争協力者とされたのである。

しかし、社長を失ったら会社が再建できないと労働組合や代理店が協力し嘆願を行った。彼らの行動に心を動かされたＧＨＱは、追放の解除という異例の措置に踏み切っている。

このように民間人に対しても行われた公職追放だが、じつは**官僚はあまり追放されていない**。

その理由は、多くの官僚を失うことで占領政策が滞《とどこお》ることをＧＨＱが懸念したからだともいわれている。

軍事・警察を司っていた内務省は解体したものの、それ以外はほとんどそのまま残された。特に、大蔵省（現・財務省）は既存の勢力の大半が温存される結果となった。

## 共産主義者の追放へつながる

ところで、ひと口に公職追放といっても、１９５０年からはその色合いを変えている。

東京鉄道管理局の労働組合で設置された「追放箱」。このような、組織内でのあぶり出しも実施された。（1946年１月）

朝鮮戦争が始まり、追放の対象が社会主義者や共産主義者へと移ったのだ。いわゆる**レッドパージ**である。

赤色分子とみなされた教職員が辞職を勧告され、マスコミ界や公務員からも多数の追放者が出た。

伊藤律や野坂参三ら共産党の中央委員24人が追放され、機関誌である『アカハタ』は無期限の発行停止に追い込まれている。

アメリカ的な民主主義政策を推し進めるGHQとしては、何としても共産主義の拡大を食い止める必要があったのだ。

1950年だけをみても、共産党員とその支持者が**1万人以上解雇された**。

GHQが政策を見直したことによって徐々に公職追放を解かれる者も出ていたが、すべてが解除されたのは1952年のことである。

# 2章 生きるための戦い

# 駅・公園・洞窟・船上で暮らす人々

## 駅が一番の住み家

戦いに敗れた日本に残されたのは、焼け野原と化した土地と、**何もかもを失い路頭に迷う人々の姿**だった。

食べ物を求めて奔走する人、はぐれた身内を探しまわる人、親兄妹を失い行くあてもなくさまよう子供たち……。その多くが、今夜寝泊まりする場所すらなかったのだ。

何度も空襲に襲われた東京もまさに焼け野原だったが、そんななかでもいくつか大きな建物が残った。

たとえば、浅草神社と上野駅である。とりわけ東京の北の玄関口である上野駅は、地方に買い出しに向かう人たちでごった返していたが、それに加えて駅そのものを当座の住み家とした人もかなりいた。

雨風はしのげるし、人通りが多いため、いざという時には食べ物を恵んでもらうこともできる。

実際、駅の地下道の壁際は人でびっしりと埋まっており、**常時１０００人以上の人が寝泊まりしていたという**。

警察が取り締まれるような状態ではなく、

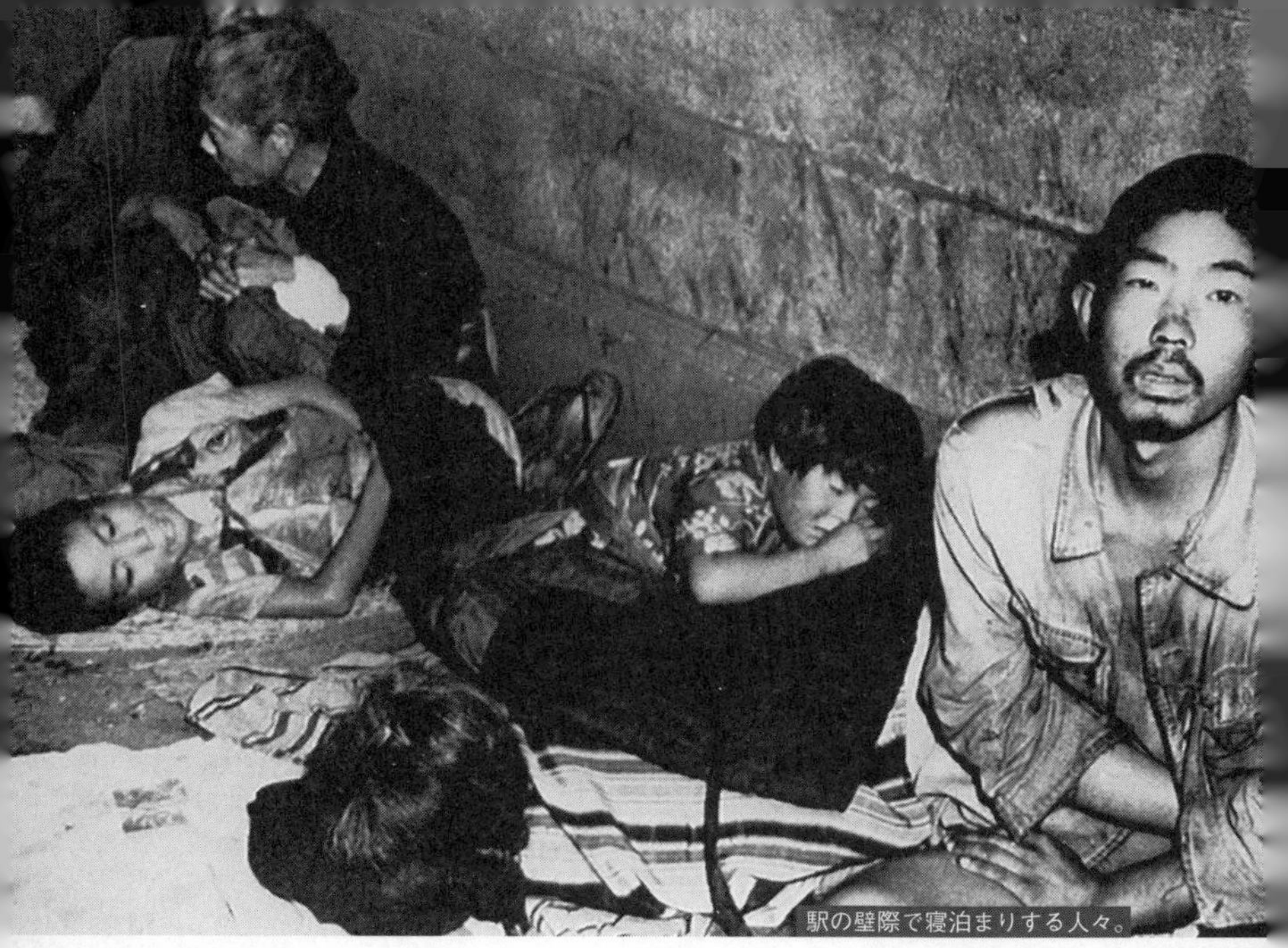
駅の壁際で寝泊まりする人々。

むしろシラミをうつされることを恐れ、警官もあまり近づきたがらなかったというから、無法地帯になっていたのかもしれない。

栄養失調などで息絶えた子供を駅員がリアカーで運び出すような光景もけっして珍しくなかったのだ。

## 戦後の復興に一役買ったテント村

上野には都内で家を失った人のおよそ6割が集まっており、人々は路上や公園など、ありとあらゆる場所を寝ぐらとしていた。

もっとも競争率が高かった駅からあふれた人々は、目の前の上野公園に流れるというパターンも多かったが、ある時**警視総監が男娼**

**に襲撃される**事件が起こり、公園は閉鎖されてしまう。

いよいよ行き場を失った人々は、隅田川の橋の下や、舟の上、ちょっとした洞穴など、少しでも隙間があればどこにでも居場所を求めた。

そうなれば当然**治安も悪化していく**。事態を重く見たGHQは、東京都に援護を要請し、その結果、上野からほど近い山谷《さんや》地区に**テント村**がつくられた。

もともと山谷は江戸時代から安宿が多く存在した場所ではあったが、現在の姿の原点といえるのは、この終戦直後のテント村である。

テント村はほどなくして簡易宿泊所に生まれ変わり、さらにここに寝泊まりしていた人々の労働力が、戦後の復興にひと役買ったのである。

## 服を脱いで食べ物を手に入れる

寝ぐらの次に人々が欲していたのは食糧だった。

この時期、人々の暮らしを支えていたのは**ヤミ物資**だ。もちろんヤミの取引は違法だったが、もはやそれは形骸化していた。

国からは米や食べ物の配給はあったが、それだけではまったく足りず、とにかく手持ちのものを食糧に換えていくしかない。

まるでタケノコの皮をはぐように、衣服を食糧と交換することから**「タケノコ生活」**という言葉が生まれたほどだった。今着ている服を脱ぎ、今夜の食べ物を手に入れる。こんなことが当たり前の時代だったのだ。

崖の下で暮らす人々。（1949年6月）

運河に浮かべたバラックで生活をしている人も多かった。（1946年）

# 大繁盛したヤミ市

## 敗戦に凶作が加わり悪化した食糧事情

戦争が終わった1945年、日本は絶望的に食糧が不足していた。

国から配給される食糧はわずかで、その量は成人が1日に必要なカロリーの半分にも満たず、腹を空かせた人々は一様にやせ細り、**常に栄養失調状態**だった。

しかも、**凶作**に見舞われたこの年は米の生産量も過去最悪で、このままでは翌年には飢餓や病気で1000万人が死ぬだろうと当時の大蔵大臣が語ったほどだった。

困窮した人々は、生きるためにとにかく食べる物を探し求めた。特に食糧不足が深刻だった都市部の人々は、着物など少しでもお金になりそうなものをかき集めては、超満員の**〝買い出し列車〟**に乗り、農村で金目のものと食糧を交換してもらった。

また、焼け野原となった市街地では、焼け残った鍋や釜などの生活用品を見つけては道端に並べて売っていた。

こうして終戦から1ヵ月もたたないうちに、日本各地の主要都市の空き地にはいわゆる**〝ヤミ市〟**が立ち始めたのだ。

大勢の人でにぎわうヤミ市。

## トタン板の上にはなんでもあった

ヤミというのは、政府が統制する「公定価格」の対語である。

戦時中はヤミ物資を売買したことが発覚すると厳しく罰せられたため、人々は密かに物を売買していたが、敗戦によってそのタガが外れた。

つまり、**政府によって決められていた物の値段を無視した商売**があちこちに出現したのである。

売り手も商人ではない。都市と農村を行き来して食糧を仕入れては売る若い復員兵がいたり、旧日本軍から放出された物資などをトタン板に並べて〝店〟を開く者もいたりした。

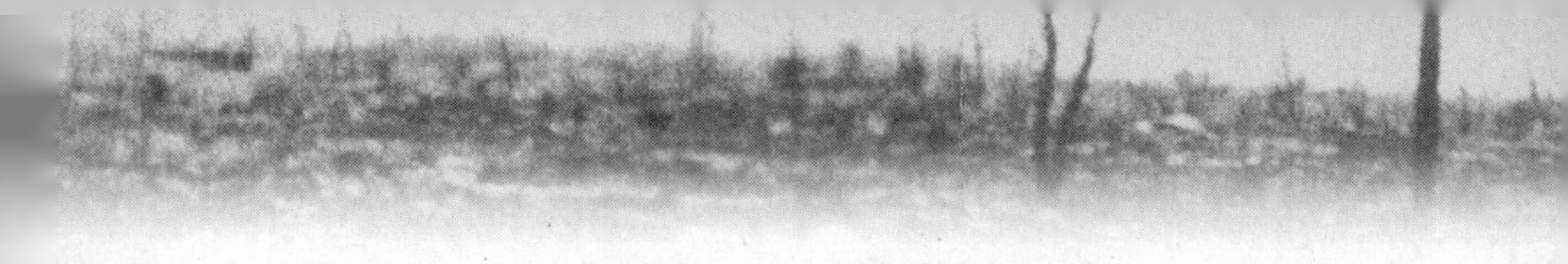

何もかもなくした人々は、ヤミ市のどんなものにも飛びついた。
ふかしたイモにイモアメ、お湯にしょうゆをたらしただけの汁、アルコールを水で割って色を付けただけの酒、軍から払い下げられた鉄かぶとを造り替えた鍋など、**ありとあらゆるものがトタン板の上に並べられた。**

## 混乱を生き抜くためのホンネ

国の定めた公定価格に比べて、ヤミ価格は法外な値段だった。

たとえば、ふかしイモの値段は公定価格の約50倍、味噌は約20倍、砂糖にいたっては**約250倍の値段**がついていた。


そんなヤミ物資を口のうまい行商は適当なことを言っては安く買いたたき、そしてまた適当なことを言って高く売りつけた。さらにその金で別の物を買い、市の中を数メートル移動してまた高く売りつけていったのである。

こんなふうにうまく金を転がして、1日で手持ちの100円を800円に増やす強者《つわもの》もいたという。

しかしなかには、**ヤミ物資をかたくなに拒む者もいた**。東京区裁判所の経済犯専任裁判官だった山口良忠である。

山口はヤミ米を拒否した挙げ句、栄養失調にともなう肺結核により死亡した。まだ33歳という若さだった。

この山口の行動には賛否があったが、戦後の混乱の中で生きるためのホンネとタテマエが浮き彫りになった事件でもあった。

浅草のヤミ市で５円の肉入りうどんをむさぼる男性。（1946年9月）

警官とMP（ミリタリーポリス）にヤミ物資の摘発を受ける青年。ヤミ市はつねに危険と隣り合わせだった。

# 殺虫剤を頭から吹きかけられた人々

## シラミ退治に使われたＤＤＴ

白衣を着た大人に、子供たちがいっせいに白い粉を吹きかけられる。大人もまた同様に吹きかけられ粉まみれになる――。

戦後の日本でよく見られたこの白い粉の正体は、**殺虫剤「ＤＤＴ」**だ。

当時は万能殺虫剤とされ、除草やハエ退治などにも使用されたものだ。

なぜ、これが日本人にふりかけられていたかというと、**シラミ退治**のためである。

シラミはさほど珍しいものではなく、たとえばコロモジラミが媒介する**発疹チフスは、**戦前にも何度か流行があった。

しかし、終戦の翌年には東京と大阪でかつてないほどの規模の感染者が発生した。

まだ特効薬もワクチンもない時代、疫病の流行を恐れたＧＨＱが、対策として用いたのがＤＤＴだったのである。

学校で、駅で、役場で、書店で、人も建物も粉まみれになる。屈辱的な心情にさいなまれる人もいたというが、ＤＤＴの効き目は絶大で、発疹チフスの流行はぴたりとおさまったのだ。

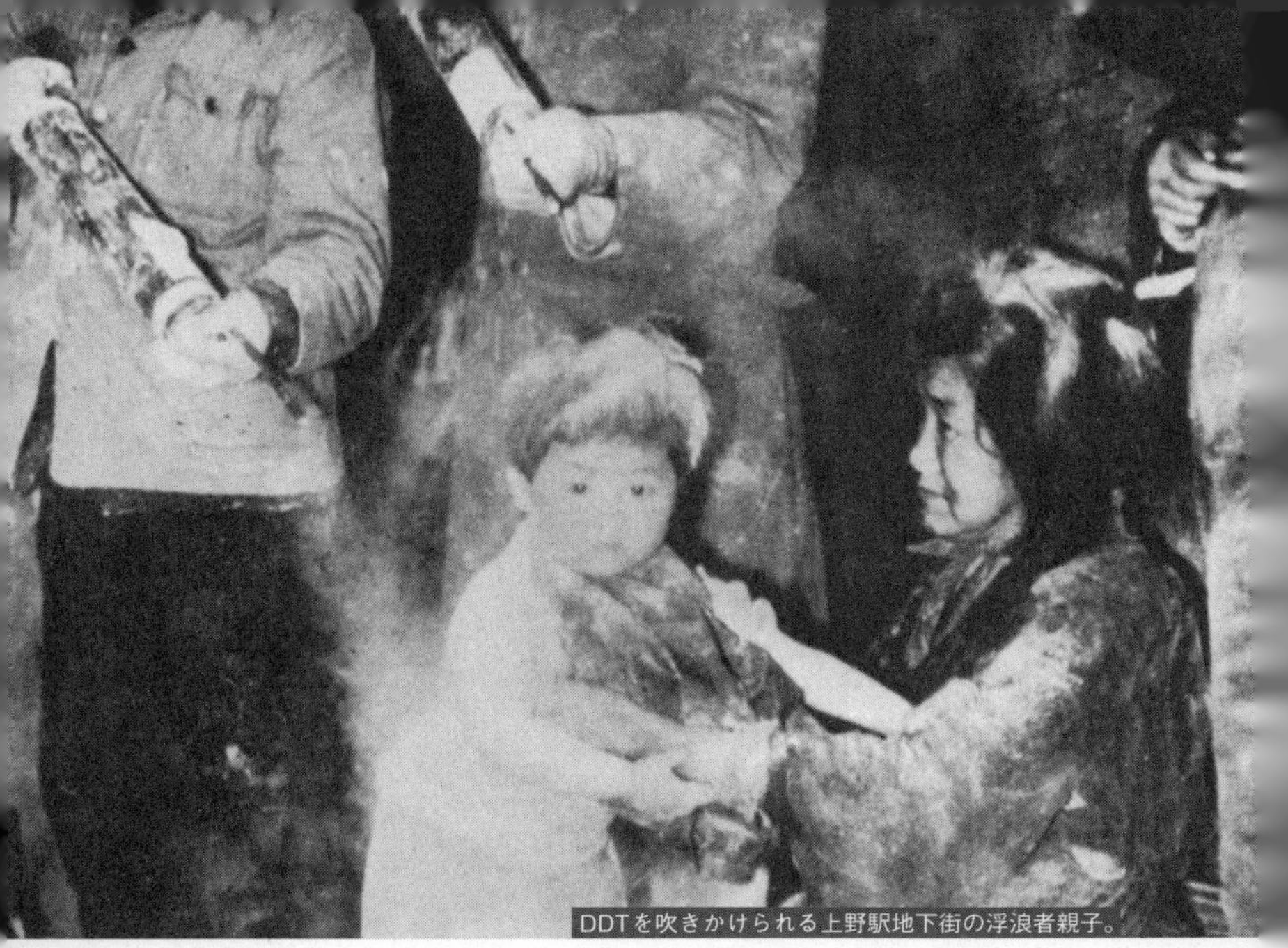
DDTを吹きかけられる上野駅地下街の浮浪者親子。

## アメリカ人を守るのが第一の目的

じつはアメリカは日本に上陸する前に、**DDTを飛行機から空中散布している。**

戦後の日本にはシラミ、ノミ、ハエ、蚊などがうようよしており、どんな感染症が発生しても不思議ではなかったからだ。

日本上陸後もGHQは人間だけでなく建物や家屋などにもDDTを散布した。それは日本人を病気から守るということ以上に、**アメリカ人たちが感染しないことが第一の目的**だったためだ。

ちなみに、DDTには人体に有害な物質があることがのちにわかり、今では原則としてその使用は禁じられている。

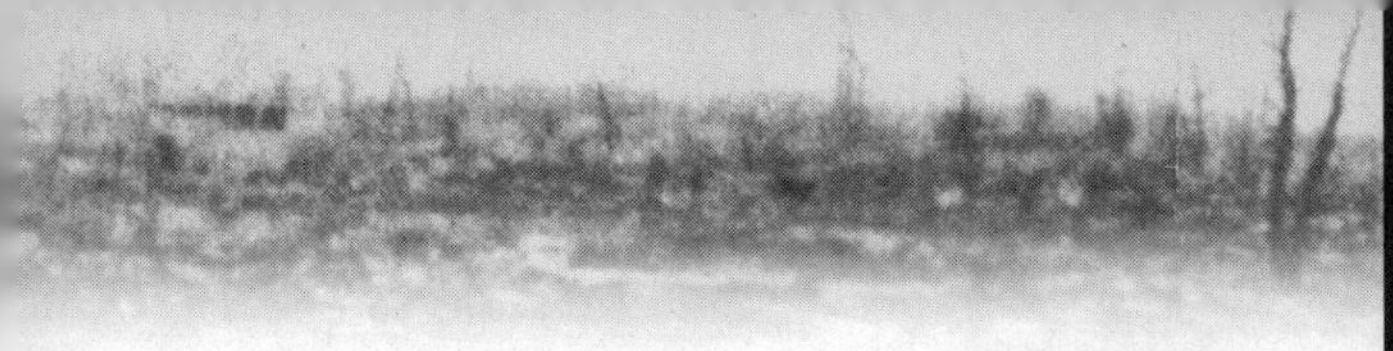



# 薬局で買えた覚せい剤「ヒロポン」

## 街にあふれ返った中毒者

現在、覚せい剤などの薬物を使用することはいうまでもなく犯罪だが、じつは**戦後の日本ではごく普通に使用されていた。**

もっとも代表的なものが「ヒロポン」という商品名で売られていた薬物である。

ラベルには「除倦覚醒剤」の文字が併記され、その効能として「体力の亢進《こうしん》」「倦怠《けんたい》睡気除去」、さらには「作業能の増進」と書かれていた。

成分は塩酸メタンフェタミンで、**強い覚せい作用**があることから、大戦中はパイロットがおもに使用していた。

しかし、戦後のヤミ市に流出したことで一気に庶民の間にも広まり、その結果、街には**「ポン中」と呼ばれるヒロポン中毒者が大量にあふれ返るようになった**のである。

## 錠剤から注射での摂取へ

最初に出回ったのは錠剤だ。敗戦によって大量の在庫を抱えた薬品会社が市場に放出し

（右）自分にヒロポンを打つ少年。
（左）取調中に禁断症状を起こした女性。

たことで、**薬局に行けば誰でも気軽に買うことができた**。価格は20錠入りで約21円だった。

さらに、しだいに内服薬では飽き足らなくなった人々は、**注射器で直接体内に摂取するようになった**。価格は注射器10本入りで81円50銭、ヤミ市では１００～２００円以上で販売されていた。

同じ頃、タバコが10本50円だったことと比較すると、それがいかに簡単に手に入るものだったかがわかる。

今でいえば強力な栄養ドリンク剤を買う感覚に近かったのだろう。

とりわけ作家や芸能人などには愛好者が多く、坂口安吾や織田作之助が使用していたのは有名な話である。

このヒロポンの流行は１９５１年に覚醒剤取締法が制定されるまで続いたのである。

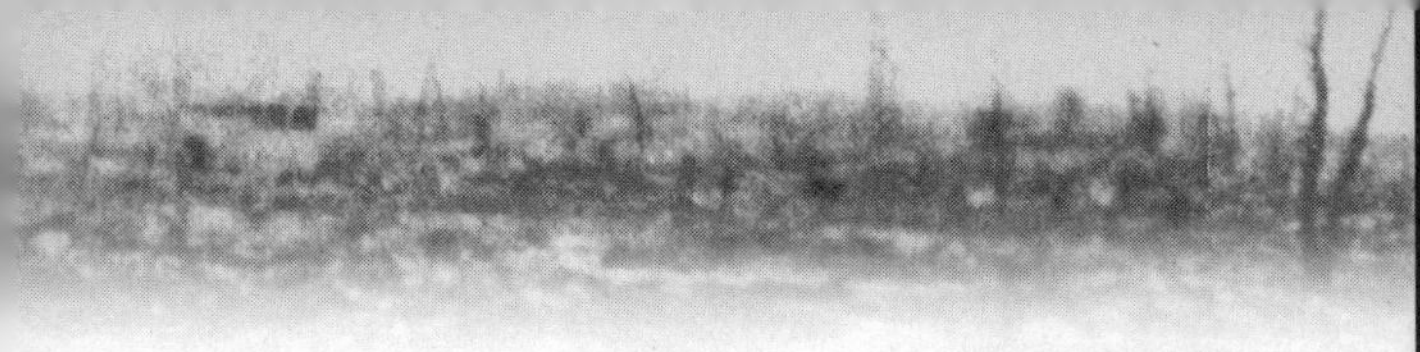

# 物乞いをして命をつなぐ傷痍軍人

## 傷ついた体を見せて募金を受ける

終戦後、家族や住まいを失った一般の人々が混乱していたのはもちろんのことだが、戦地から日本へと帰ってきた軍人たちもまた悲惨だった。

特に、負傷したり病に冒されて戻ってきた**傷《しょう》痍《い》軍人**たちの行く末は絶望的だった。

戦時中であれば、名誉の負傷とされ十分な恩給を受けることもできたが、終戦後は財政難とGHQの意向を理由に恩給は打ち切りになった。

そのため、街角では職につけず食うに困った傷痍軍人たちが物乞いをする姿が見られるようになったのである。

白装束や軍服に身を包み、**失った足や腕をあえて隠さず、地面に這いつくばるようにして街行く人に頭を下げる。**

ラッパやハーモニカ、アコーディオンなどの楽器を演奏したり、軍歌を歌ったりして人目を引くことも珍しくなかった。

誇りを捨ててまで物乞いをする……。背に腹はかえられないほど、傷痍軍人たちも困窮していたのだ。

東京の数寄屋橋に現れた物乞い。(1950年12月)

## なかには詐欺師もいた

傷痍軍人の姿は上野や池袋、新宿など、都心で多く見られた。

ところが、なかにはこれを悪用し、**詐欺をはたらく者も出てきた**。実際は戦争で負傷したわけでもないのに、眼帯をつけたり、器用に手足を折りたたんで五体満足でなくなったように見せたりして、傷痍軍人のフリをする者が少なからずいたというわけだ。

しかし、１９５３年には恩給制度が復活し、国からの傷痍軍人証の発行も復活した。これにより元軍人たちの暮らしは少し楽になったのか、街角での物乞いも減っていった。

現在は対象者も高齢化しており、日本傷痍

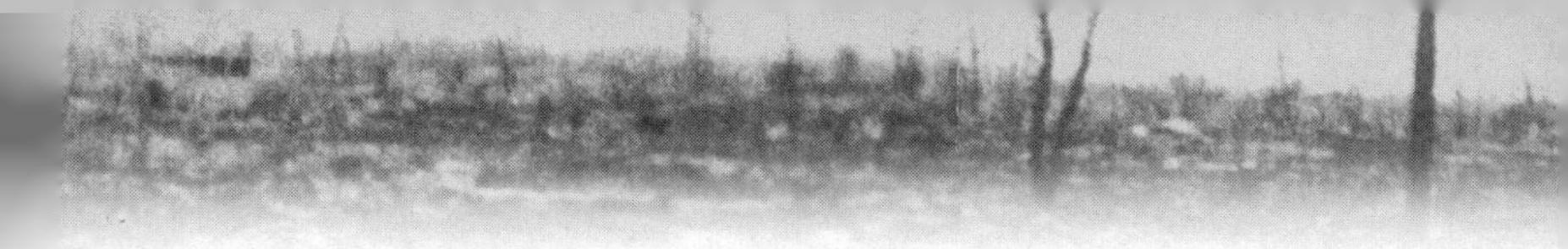

軍人会は2013年をもって解散している。

## 帰ってきた学生に向けられた偏見の目

また、戦場帰りの軍人の中には、思わぬ差別に苦しんだ者もいる。その一例が**学徒出陣**で敵地に赴いた学生たちだ。

戦争が激化すると、日本は戦力を補うために、本来なら兵役免除の対象となっていた学生たちを召集した。

この学徒出陣で兵士となった学生の数は、10万人とも13万人ともいわれている。

各学校では壮行会が行われ、学生たちは華々しく旅立ったが、なかには特攻隊に配属されて命を落とした者もいた。

命が助かっても戦地で捕虜になれば、今度はそこで生き地獄を味わうことになる。

特に悲惨だったのが、終戦後、ソ連に捕えられ、**シベリア抑留**の犠牲にあった兵士である。

極寒の地で強制労働を強いられ、およそ5万人が現地で死亡したが、それでもどうにか帰国を果たした者もいた。

ところが、久しぶりの故郷は必ずしも温かく出迎えてはくれなかった。復員兵たちに思わぬ偏見の眼が向けられたのである。

## シベリアで行われていた洗脳

シベリア抑留者に向けられたのは**「ソ連に**

シベリアでの政治集会の様子。手前に日本人がいる。（1946年）

**よって共産主義を洗脳教育されている」**という視線だ。

本来であれば、学徒出陣で戦地に赴いた学生は大学や高校への復学が許されたが、シベリア帰りの兵士たちは在校生から共産主義者扱いされ、疎まれたのだ。

しかし、シベリア抑留で共産主義の**洗脳が行われていたのは事実**である。

ソ連軍が「洗脳が済んだ者から日本に帰国させる」としたため、収容所には歪んだ秩序が生まれ、日本人同士が思想を監視し合うような状態だったといわれている。

もちろん、こうした差別を受けたのは学生たちだけではなかった。

人生のやり直しに臨む若者たちには、ひときわ厳しい試練だったということは想像に難くない。

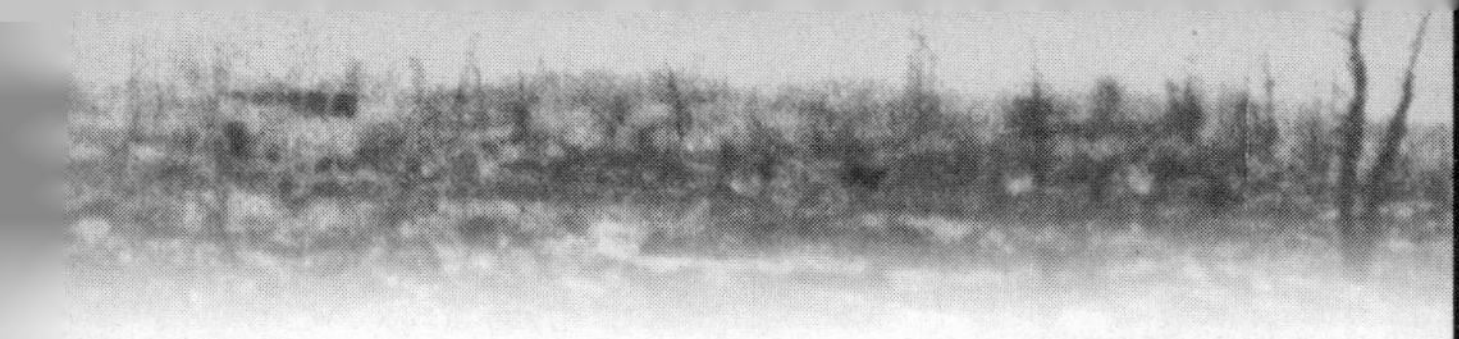

# 犯罪に手を染める戦災孤児

## 戦争で孤児になった子が犯罪者になる

戦争で親や家族を失った戦災孤児はおよそ12万人以上といわれている。そして、そのうち引き取り手が現れなかった3万5000人は、住むところも食べるものもなく、ただあてもなく街をさまよう浮浪児となった。

この浮浪児の存在は、戦後に発生した社会問題のうちのひとつだった。

特に**ヤミ市**が多くあった東京・上野には多くの浮浪児が溜まっていた。

当初はゴミをあさったり、落ちているものを拾ったりしていただけだが、しだいにスリやかっぱらい、**万引き**や**置き引き**などをはたらくようになり、その素行の悪さが問題視されるようになる。

戦争に明け暮れた国の犠牲となった子供たちはいわば戦争被害者だが、行き場を失ったことで今度は加害者となり、その集団が**犯罪の温床**になると世間は危惧したのだ。

そして、世間がそうした視線を向ければ向けるほど、浮浪児たちは生きるか死ぬかの瀬戸際に追い込まれ、結果ますます不良化していったのだ。

上野の地下道で刈り込みを受けた少年たち。(1948年5月)

# 子供たちに行われた刈り込み

やがて米軍の食糧庫などにも忍び込むようになった浮浪児たちの存在に業を煮やしたGHQは、彼らの一掃に着手した。

この**「刈り込み」**と呼ばれた作戦は月に数度行われ、GHQの指示を受けた日本の警察の手によって、一度に数十人の浮浪児が捕えられた。

彼らは施設に保護されていったが、すぐに脱走する者も多く、また施設によっては浮浪児たちに厳しい仕打ちを行うところもあった。

1947年には児童福祉法が整えられ刈り込みも終息したが、この混乱期に翻弄された子供たちが多くいたことは間違いない。

# 巨大暴力団に成長した街の自警団

## 神戸で自警団を結成する

終戦後、兵庫県の神戸市にある現在のＪＲ三宮駅周辺には、全長２キロメートルにもおよぶ巨大なヤミ市があった。

この地には庶民を脅かす大きな問題があった。ここで金もうけに成功した者たちが幅をきかせ、**無銭飲食や略奪、婦女暴行といった悪事がまかり通っていた**ことである。

この集団はいつしか一大勢力となり、神戸の街をカネと暴力で支配するようになった。

誰もかれも生きるのに精いっぱいであり、頼みの警察もＧＨＱの統制を受けほとんど役に立たない。

そんな無秩序な社会にいてもたってもいられず自警団を結成した人物がいた。それが**田岡一雄**である。

## 警察が援軍を求めるほどの力を得る

田岡は神戸を本拠地とする暴力団・**山口組**の構成員だった。

山口組三代目組長を務めた田岡一雄。(写真提供:朝日新聞社/時事通信フォト)

田岡は神戸を守るべく敵対勢力の締め出しに乗り出す。仲間と警備に歩き、悪事をはたらく者を痛めつけた。

もちろん敵からは命を狙われるようになったが、市民からは一目置かれ、いつしか頼りにされる存在になった。

それればかりか、ついには**警察までもが、田岡たちに「力を貸してほしい」と援軍を求めた**ほどだったのである。

この活動により田岡は組内での地位を高め、ほどなくして山口組の三代目組長の座に就くこととなる。

暴力団と警察という本来なら相容れない集団が、治安維持のために結束したこともあり、田岡のこの一連の行動は評価された。また、その生き様はのちに映画化されたほど、伝説的な人物として語り継がれたのである。

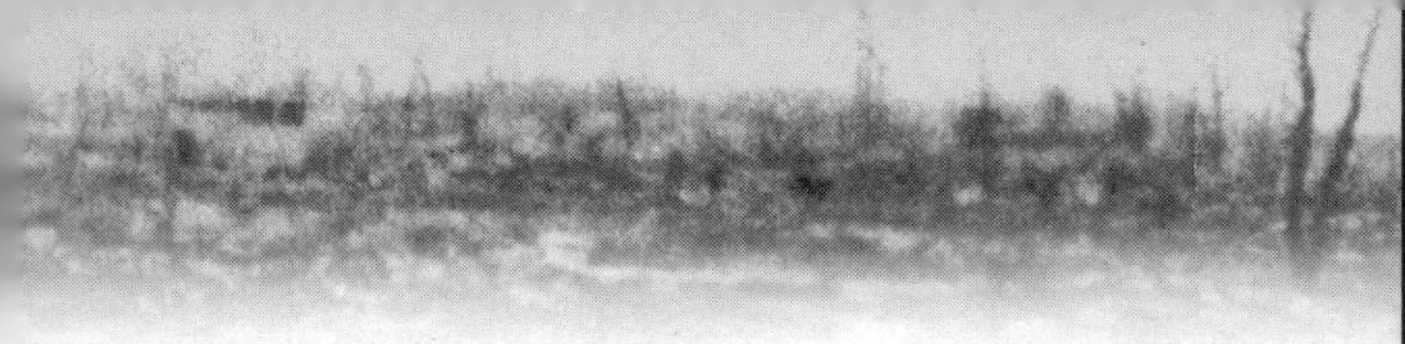

# 国会議事堂前でのサツマイモづくり

## 国会職員が農作業にいそしむ

戦後の日本は深刻な食糧難に見舞われたが、それに追い打ちをかけたのが1945年の異常気象だった。

この年の日本は**冷夏**、**水害**、**厳冬**に見舞われ、敗戦の過酷さだけでなく自然の脅威にもさらされたのである。

それまで都会の食糧難をカバーしてきたのは地方の農作物だったが、さすがにこの気象条件ではそうもいかず、また肥料も絶対的に不足していたため、**例年にない大凶作**となってしまった。敗戦で外国との交易も途絶えたため、輸入には期待できない。

そこで日本人は、少しでも空き地があればせっせと畑を作り、作物を育てることに専念したのである。

もちろん東京とて例外ではない。たとえば、千代田区永田町にある国会議事堂は、**目の前の敷地が一面サツマイモ畑となり、国会の職員が農作業にいそしんだ。**

ちなみに、国会議事堂は1936年に建てられたもので、当時も現在もその姿にほとんど変わりはない。重厚な建物のまわりがイモ

国会議事堂前のイモ畑を手入れする国会職員。（1946年６月）（写真提供:共同通信社）

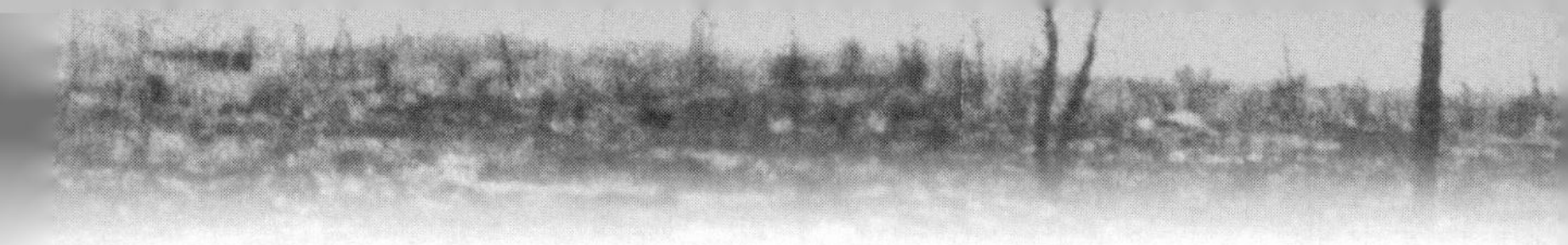

畑だったとは今となっては想像もつかないが、その様子は写真に残っているのだ。

## 日本橋や銀座にも畑が出現する

意外な場所に畑が作られた例はほかにもある。上野の名所のひとつでもある**不忍池**《しのばずのいけ》がそうだ。

不忍池といえば、江戸時代の浮世絵など古い日本の芸術作品にもしばしば描かれたほどの蓮の名所だが、戦時中には池の水が抜かれ水田として利用された。

また、**日本橋周辺には麦畑、銀座にはとうもろこし畑**が出現した。

とはいえ、作物がそんなにすぐに育つはずもない。戦後を振り返ったある地方の農家の証言として、「都会の食糧難のおかげで、食糧を自給していた**農家が頂点に立った時代だった**」という言葉もある。

当時は貨幣にはほとんど価値がなく、物々交換が主流だった。米の在庫をたくさん抱えていた農家のところには、上等な絹の着物などを差し出す人が押し寄せたという。

## 農家が土地を手に入れる

ただし、農家すべてがいい思いをしたわけではない。

戦前、日本の農民の大部分は小作農家で、高い小作料を地主に支払うのが一般的だった。

不忍池で収穫作業をする人々。（1947年９月）

そのため、土地を持つ農家とは異なり、小作は政府から半ば強制的な供出を迫られ、むしろひもじい思いをしていたところが多かったのだ。

ところが戦後、ＧＨＱが新たな国家づくりのひとつとして**農地改革**を断行した。

政府が安い価格で地主から土地を買い上げ、それを安く小作農家に払い下げることで、農家の暮らしを安定させることにしたのだ。これにより、日本には**自作農が爆発的に増えた**のである。

土地が自分たちのものだと思えば自然とやる気が出るものである。その結果、地方の農家はぐんぐん生産性を上げ、食糧難も徐々に解消されていった。

それとともに都会の畑も用済みになり、しだいに元の町の姿に戻っていったのである。

# 粗悪な食品に飛びついた人々

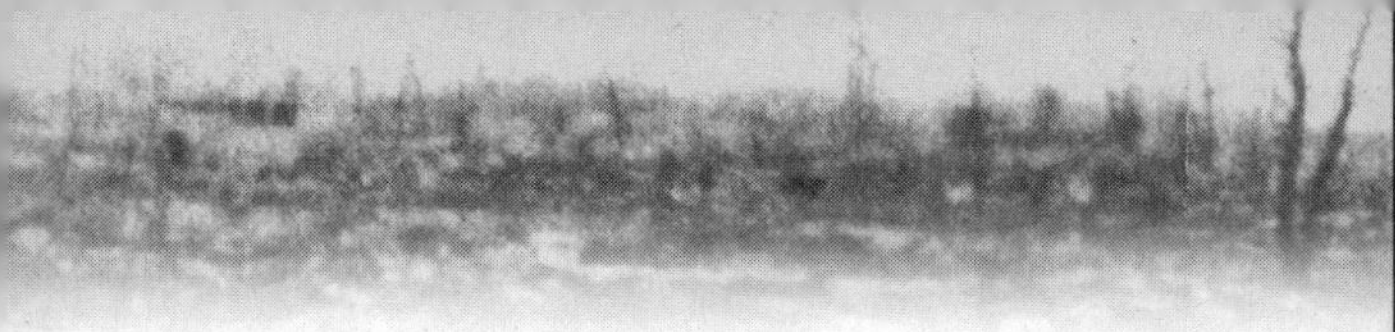

## 多数の死者を出した「バクダン」酒

人間、物がなければ知恵を絞ってどうにか代わりとなるものを探すものである。

だが、そうして生み出された代用品が必ずしもいいものとは限らない。戦後の日本には、そんな危険な食品や飲料がいくつも出回った。

その筆頭は**「バクダン」**である。

バクダンとは工業用アルコールを水で割り、薄く色をつけたものだ。ひと口飲むと胃が燃えるように熱くなるほど強烈だったことから、その名がつけられた。

通常、飲用としての酒にはエタノールが使用されるが、工業用にはメタノールを使用していた。

メタノールの人体の視神経への悪影響はすさまじい。**最初は目がかすみ、いずれは失明して、最悪の場合は死に至ることもある。**

粗悪な酒とわかっていても、戦後のうさを晴らすには酔うしかないとばかりにバクダンは売れに売れた。

これによる死者は、終戦の翌年には東京だけで2000人近くにのぼったといわれている。

密造酒を楽しむ人々。度数を書いた紙が瓶に貼り付けられている。
（1947年5月）（写真提供：朝日新聞社／時事通信フォト）

## 原料があやしい カストリ酒

また、**「カストリ」**と呼ばれた密造酒も人気が高かった。

日本には昔から酒粕《かす》を蒸留してつくる「粕取り焼酎」というものがあったが、それとはまったく別ものだ。

カストリは、簡単にいえばドブロクの蒸留酒である。

もともとドブロクを密造する者は多かったが、素人がつくっても酸っぱいだけでちっとも酔えず、酒としては不出来なものばかりだった。そこで、これを沸騰させてそのしずくを瓶に溜める。これがカストリである。

ただし、元が素人のドブロクなので**原料が**

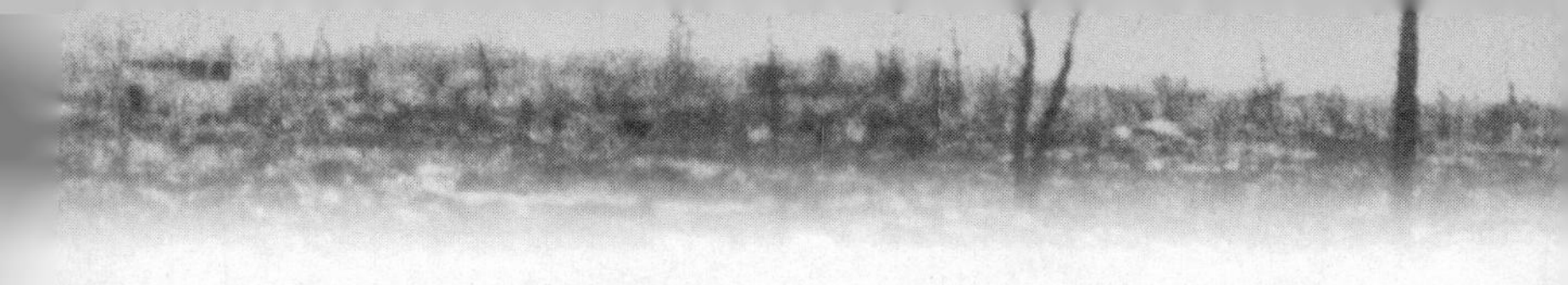

**怪しいものも多くあり**、悪酔いすることも多かったし、なかにはメタノールを混ぜてつくられたものもあった。

作家の坂口安吾は『ちかごろの酒の話』という作品で、カストリについて「鼻につく匂ひがあつて飲みにくいけれど、酔へる。それに金も安く、メチルの方も安全だ」と書いている。

## 女性や子供はズルチンに夢中

酒と同じくらい人々が欲していたのが甘いものだ。

この頃、ヤミ市では「汁粉一杯5円」などで女性を呼び込んでいたが、ちっとも甘味が足りず文句が出るのが当たり前だったというエピソードもある。

こんな欲求に応えたのが、**「ズルチン」**という人工甘味料だ。1883年にドイツで発明されたもので、甘さは砂糖の主成分であるショ糖のおよそ250倍にもなる。

ところがこの甘味料は毒性が強く、多量に摂取すると**肝機能障害などを引き起こす**。しかも一定以上の量になると甘味を感じなくなるという特徴があるため、つい過剰摂取してしまう人が多かったのだ。

ズルチンの中毒者には子供や女性が多く、時には死者も出たため、1969年には使用が禁止されている。

どれも**命がけの代用品**だが、それでも当時、アルコールや甘味に飢えた人々は、こぞって飛びついたのである。

（上）墓地に隠していた密造酒を掘り返している様子。（1950年12月）
（左）包装されたズルチン。表記が「ヅルチン」となっている。人体に悪影響を与えるが、強烈な甘味が女性や子供を誘惑した。（1946年9月）（写真提供:共同通信社）

# 海外からの救援物資に秘められた思い

## 当時の日本人の6人に1人が受けた

地震や台風などの災害があると、世界中から苦難に見舞われた国や人々に援助の手が差し伸べられる。

日本が援助する側に立つこともあるし、援助を受ける側になることもある。

さかのぼって第2次世界大戦後の日本に大きな救いをもたらしてくれたものといえば、なんといっても**「ララ物資」**だろう。

「ララ」とは「Licensed Agencies for Relief in Asia」の頭文字をつなげたもので、「アジア救済公認団体」の略称である。

この団体はアメリカの宗教団体や慈善団体など、13の団体が加盟して組織されたものだ。

１９４６年6月にはララの代表が日本に救援物資援助の申し出を行い、ＧＨＱの判断のもとにこれが受諾された。

そして同年の11月には、さっそく第一便のララ物資を積んだハワード・スタンベリー号が横浜港に到着したのだ。

ララ物資として送られてきたものは、**ありとあらゆる生活必需品**である。

ミルクや穀類、缶詰、野菜などの食糧

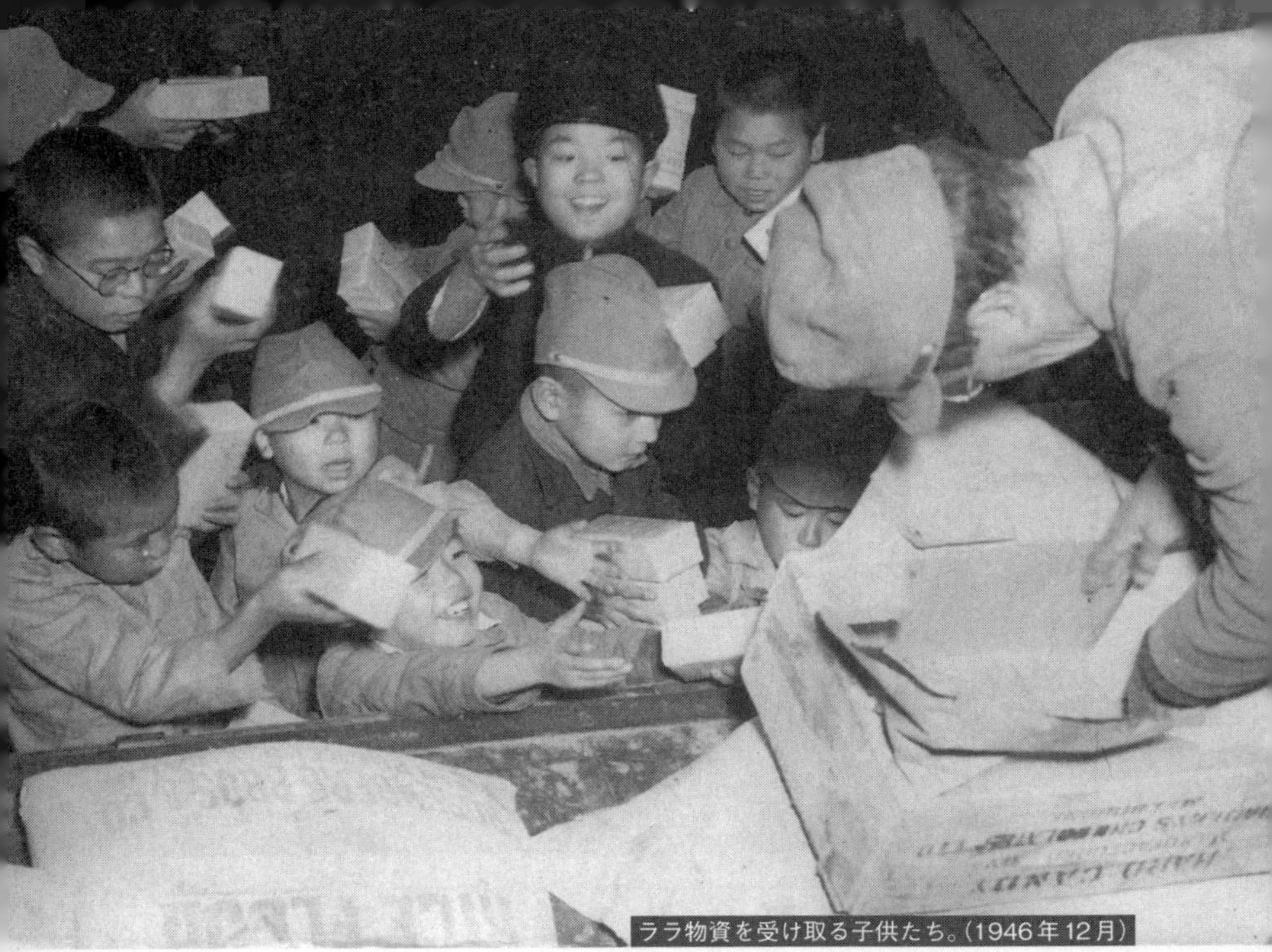
ララ物資を受け取る子供たち。(1946年12月)

や、下着や寝具を含む衣料、学用品や靴、医療品、さらには生きたままの乳牛やヤギなど、1952年までの間に届けられた物資は1万6207トン、400億円相当にものぼった。

そして、当時の日本の人口のおよそ6分の1にあたる**1400万人がこの恩恵にあずかった**のだ。

## 戦後の給食に影響を与える

ララ物資は戦後の日本を飢えから救ったが、それと同時に、現在の学校給食のスタイルを生むきっかけにもなった。

ある一定の年齢以上の人の中には、**脱脂粉**

**乳**のあの懐かしい味を覚えているという人もいるだろう。

　この脱脂粉乳も最初はララ物資のひとつだった。これが子供たちの栄養不足を補うために給食に用いられるようになり、現在に続く牛乳給食が始まったのだ。

　ちなみに、１９４６年に設立された**ユニセフ**（国際連合児童基金）からも、やはり脱脂粉乳や医療品が届けられている。

## きっかけはアメリカの日系人

　ところで、このララ物資だが、当時はアメリカからの善意という認識だったが、じつは発足のきっかけは海を渡った１人の日系人である。

　その人物は、サンフランシスコで日本語新聞の編集長をしていた**浅野七之助**だ。

　浅野は１９４６年、戦争に負けた祖国の窮状に心を痛め「日本難民救済会」を立ち上げる。

　終戦したとはいえ、かつての敵国を救済する活動になかなか支援は得られなかったが、来日経験があり親日家でもあったエスター・ローズ女史との出会いで事態は好転した。

　ローズ女史が浅野の考えに賛同したことでララ物資は現実のものとなり、また**支援の輪は北米、南米の日系人へと広まっていった**。

　当時ＧＨＱは伏せていたが、最終的にララ物資にかかわった日系団体は36を数える。戦後の日本を飢えから救ったのは、アメリカの善意のみならず、**海外に散らばった多くの日系人の祖国への思い**だったのである。

(上) ユニセフが提供した原材料を日本の業者が加工し、配給として配るということも行われていた。(1949年12月)
(左) 若かりしの頃の浅野七之助。(浅野七之助著『在米四十年—私の記録』(有紀書房) より引用)
(下) 横浜港には、昭和天皇の后である香淳皇后の歌碑と記念碑が並んで建てられている。御歌は次の通り。「ララの品つまれたる見てとつ国のあつき心に涙こぼしつ　あたゝかきとつ国人の心つくしゆめなわすれそ時はへぬとも」

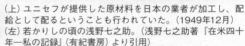

# 3章 勝者と敗者

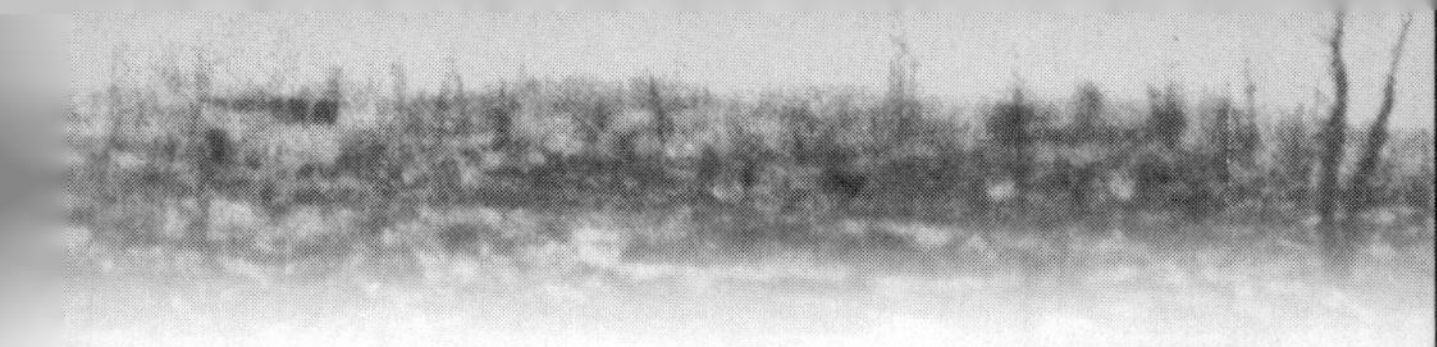

# マッカーサーと昭和天皇の秘密会見

## 新聞掲載禁止を命じられた写真

軍服姿で腰に手をあてて立つ**マッカーサー**と、その隣に直立するモーニング姿の**昭和天皇**。

有名なこの1枚は、1945年9月27日に、昭和天皇が初めてアメリカ大使館のマッカーサーのもとを訪れた時に撮影されたものである。

この写真が9月29日の新聞各紙に掲載されると、国民は二重の衝撃を受けた。

ひとつは、それまで神とされてきた天皇陛下の生々しい姿を目にしたこと。そして、リラックスした様子のマッカーサーと正装した天皇陛下との対照的な姿に、改めて敗戦や占領の現実を突きつけられたことだ。

当初、内務省情報局はこの写真を新聞などに掲載することは**不敬だとして禁止していた**のだが、新聞社はアメリカ人記者グループから流出した写真を掲載した。

そのため、新聞が発行されると内務省情報局はただちに発行禁止を命じたが、それに対して**GHQは、日本政府が行ってきた情報規制を撤廃せよと指令を出した**のである。

一時は発禁扱いになった、マッカーサーと昭和天皇の写真。

こうして2人の写真を掲載した新聞は全国で販売されることとなった。

## 警護をつけず大使館におもむく

連合国軍の占領が始まった時、日本政府が最初に抱えた問題は、天皇陛下とマッカーサーがどのように対面するかということだったという。

そこで水面下で調整が行われ、9月27日に秘密会談が実現することになった。

昭和天皇とマッカーサーの会談は公開で行われたわけではない。そのため、**天皇陛下を乗せた車は、厳重な警護もなく赤坂のアメリカ大使館に入っていった。**

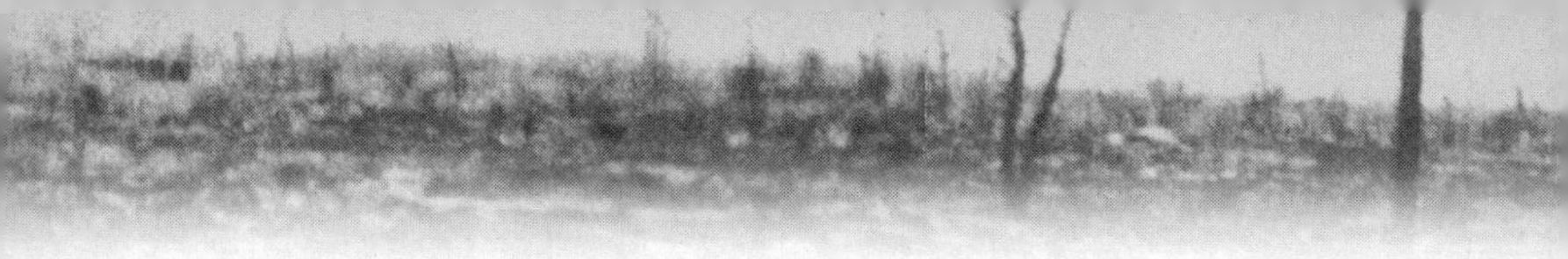

ところで、この会談の内容は日本にもアメリカにも記録として残っているが、その中身にはいくつかの食い違いがある。

たとえば、アメリカの複数の公的文書には、天皇陛下はマッカーサーに対して、戦争の全責任は自分にあり、自身の身柄を連合国の採決にゆだねると言ったと書いてある。

しかし、この会談で通訳を務めた外務省の奥村勝蔵氏が残した記録には、**天皇陛下が戦争責任を認めたとは書かれていない**のだ。

じつは、この時まだ連合国の間でも天皇陛下の処遇について意見がまとまっていなかった。

そんな段階で天皇陛下みずからが戦争責任を認める発言をするのは非常に危険である。そのため、日本側が事の重大さを案じてこの発言を伏せたのではないかといわれている。

## プライドを見せた昭和天皇

マッカーサーは当初、「天皇のメンツ」をつぶそうと考えていた。前掲の写真のようにわざとラフに振る舞って、天皇陛下に自分の立場を誇示しようとしたのだ。

だが目の前にいる人物は、毅然として占領軍の最高司令官に立ち向かおうとしている。

このことは、マッカーサーにとって衝撃であり、のちに出版された回想記に、天皇陛下は**日本の最上の紳士**だと感じたと記している。

この後、昭和天皇とマッカーサーの会談は10回にわたって行われたが、昭和天皇は出されたコーヒーにも手をつけず、占領者に対して**元首としてのプライドを見せた**という。

天皇陛下、マツクァーサー元帥御訪問 廿七日アメリカ大使館にて撮影

聖上 米記者に御言葉 紐育タイムス特派員謁見

全世界平和に寄與

民生を確保 社會的安定を達成

1945年９月29日の朝日新聞。この写真の掲載にあたっては紆余曲折があった。

昭和天皇はマッカーサーに会うために何度もアメリカ大使館に出かけていった。これは、最後にマッカーサーを訪れた際の一枚。

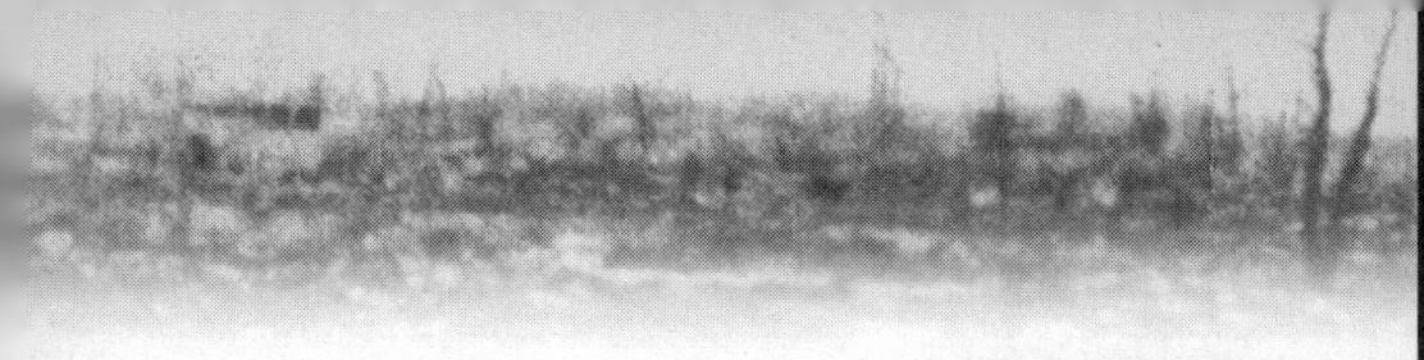

# 恐怖とともに進駐軍を迎えた日本人

## 日本にやってきた「鬼畜」

戦時中、**「鬼畜米英」**と呼んで恐れ、戦ってきた連合軍兵士がこの日本を占領しにやってくる——それは第2次世界大戦で初めて敗戦を味わうことになった日本人にとって、想像もできないほどの恐怖だった。

連合国軍の先遣隊が厚木に到着したのは1945年8月28日だったが、その日が近づくにつれて人々の間で噂やデマが広がっていった。

**「連合国軍兵士が来たら何が起こるかわからない」**「婦女子は兵士に暴行されるかもしれないから今のうちに逃げたほうがいい」。そんな噂が広がり、人々を震え上がらせたのだ。

## 女性を守るために慰安施設ができる

連合国軍の最初の上陸地だった神奈川県では、8月23日の新聞で県民に対して心構えを知らせた。だが、それが人々をますますパニックに陥れることになってしまう。

アメリカ兵にカメラを向けられ、逃げていく日本人。

なにしろ、神奈川県が出した心構えは、「連合軍の進駐は政府と平和的になされるもので、国民は平常通り安心して生活されたし」と冷静な対応を呼びかけながらも、「特に女子は、日本婦人としての自覚を持って外国軍に隙を見せぬこと」、「婦女子はふしだらな服装を慎み、人前で胸をあらわにしたりしないこと」など、やはり**婦女子への暴行の心配が強調されていた**からだ。

そして、その不安は現実となった。進駐軍の素行を調査していた特高警察の記録によると、8月30日から9月10日までの**わずか12日間で9件の強姦事件が起き、1カ月後には膨大な数になった**といわれているのだ。

この現状に危機感を募らせた政府は、「婦女子の操を守る防波堤」として**国策の慰安施設**の設立に踏み切るのである。

# 子供を懐柔したチョコレートとB29

## 「ギブ・ミー・チョコレート」

戦時中から悲惨な食生活に耐えてきた日本人は、戦後、進駐軍が日本に持ち込んだ物資を見てその豊かさに圧倒された。

しかも、アメリカ兵は大量のチョコレートやアメ、ガムを持っていて、じつに気前よく配るのである。

これを見た子供たちは目を輝かせた。進駐軍のジープを見かけると駆け寄り、占領から数日もすれば**「ギブ・ミー・チョコレート」**「ギブ・ミー・キャンディー」などが兵士に近づく合言葉になった。

プライドのある大人は進駐軍がばらまく菓子をもらってくる子供を叱ったというが、**子供はすっかりアメリカ人兵士の虜《とりこ》になった。**

## 軍用チョコはまずくつくられていた

甘い菓子を道行く人にばらまくのは、占領地の人々を手なずけるための進駐軍の懐柔作戦だった。

アメリカ兵に手を差しだす子供たち。(1945年9月)

アメリカ軍に支給されていたのは、**ハーシーフーズコーポレーション**が製造していた**ハーシーチョコレート**だ。

ハーシーフーズは、第1次世界大戦時に米軍と協力して非常食用のチョコレートを開発した。そのチョコレートはもしも戦場で食糧がなくなってもこれさえあれば命をつなぐことができるという高カロリーなものだった。

しかし、あまりおいしいと兵士が非常時以外にも食べてしまうので、わざと**「ゆでたジャガイモより少しマシな程度」の味**につくってあったという。

占領下の日本人が食べたのが、この軍用チョコレートだったかどうかは定かではないが、とにかく子供たちはその味に狂喜した。

そして、アメリカの豊かさへの憧れが復興への原動力となっていったのだ。

## Ｂ29をながめる日本人の目

アメリカの爆撃機**Ｂ29**もまた、チョコレートと似た役割を果たしたもののひとつだ。

Ｂ29は当時**世界最高峰の戦闘能力**を誇り、日本の主要都市のほとんどを爆撃したことでよく知られている。

１９４５年３月10日の東京大空襲で、Ｍ69焼夷弾を超低空から大量投下したのもＢ29だ。

この日、東京上空には３００機のＢ29が襲来し、午前0時過ぎからおよそ2時間にわたって爆撃が続いた。

ターゲットとなったのは現在の墨田区・江東区・荒川区一帯で、27万戸が全焼し、犠牲者は10万人にものぼった。

そんなＢ29でも、日本軍にはない大型の爆撃機の存在に、心の中で素直に感嘆した人も多かった。

「偵察のために昼間にＢ29が来ると、その機体を**つい凝視したものだった。気がつくと隣にいた近所のおじさんも口を開けて見とれていた**」と子供の頃の戦争体験を振り返った人もいる。

## 翌年には「平和の使節」になる

さらに戦争が終わっても、日本の上空には**我が物顔で飛行するＢ29**の姿があった。

終戦の翌年の１９４６年、米軍の陸軍航空記念日にあたる８月１日に、30機のＢ29が低

富士山上空を編隊飛行するB29。（1946年1月10日）（写真提供：共同通信社）

空飛行しながら式典を祝ったというNHKのニュース映像が残っている。

B29を見上げる人々はのんびりとしたたたずまいで、子供にいたっては飛行機に向かって手を振ったりもしている。

ナレーションはこの様子を「戦争中には恐怖の的だったB29が、**今度は平和の使節としてやってきた**」と表現した。

また別の日には、物資を届けるために東京からやってきたB29を東北でわくわくしながら眺めた人のエピソードも残されている。

空襲の恐怖を忘れたわけではないだろうが、憎かった敵機も戦いが終われば興味の対象になる。B29を平常心で眺めるということは、同時に日本という国の日常に、当たり前にアメリカが入り込んできたことを意味していたのかもしれない。

# 日本中に現れた英語の標識

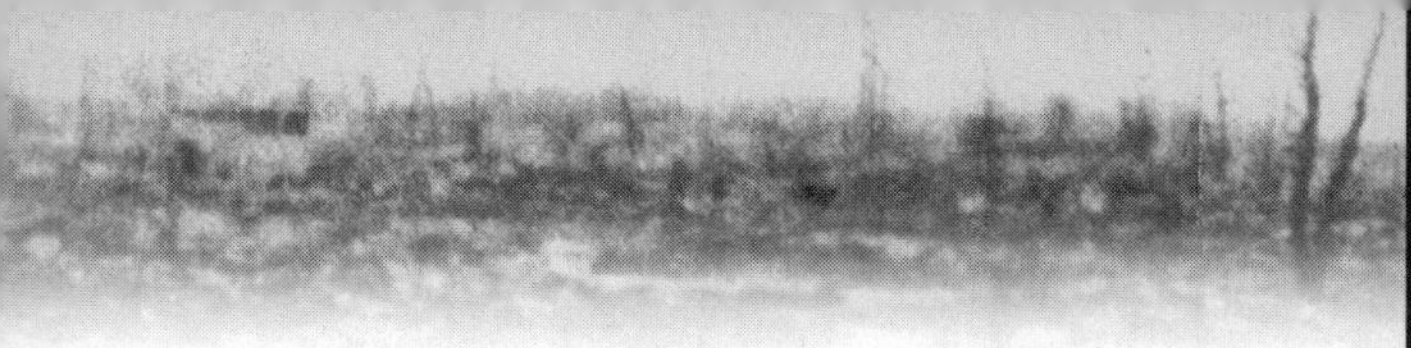

## 日本の風景を変えた街角の英語

連合国軍による日本占領が始まると、日本の風景はガラリと変わった。

彼らはところ構わず、「SUMIDA RIVER（隅田川）」や「RYOGOKU BRIDGE（両国橋）」など、英語が書かれた板を次々と打ちつけていった。

戦前から華やかな街として憧れられていた銀座でも、**焼け残った建物が進駐軍に接収されて英語表記の看板が掲げられた。**

銀座4丁目の角にある服部時計店（現在の和光）や松屋デパートの壁には「ARMY EXCHANGE SERVICE TOKYO PX」と大きく描かれた。

PXとは、アメリカ人兵士とその家族用の売店のことである。

この売店には豊富な物資が並んでいた。アメリカのタバコに高級オイルライター、ステンレス製の食器、缶ビールやコカ・コーラ、女性のピンナップ写真まであった。

もちろん**日本人は立ち入り禁止**である。空襲の焼け跡の中で、進駐軍専用の店が並ぶ一角だけが豊かで華やかに輝いていた。

一般の店舗に掲げられた、どこかで見たようなデザインの英語看板。

一方で日本人は、雛人形や子供のおもちゃなどを街路に並べて兵士を相手に商売をした。終戦間もない日本の風景には、**勝者と敗者の現実**がくっきりと映し出されていたのだ。

## 民間人も英語看板をつくった

もっとも、英語の標識は進駐軍がつくったものばかりではなかった。東京都は「官庁、銀行、会社、大商店等は、その名称及び業種を英文の看板により明示すること」と注意を出した。日本語の読めない外国人兵士が、勘違いする可能性があるからだという。

そこで日本人も、**怪しげな英語の看板をどんどん出し**、街の様子は一変したのである。

# 戦後初のベストセラーは『日米会話手帳』

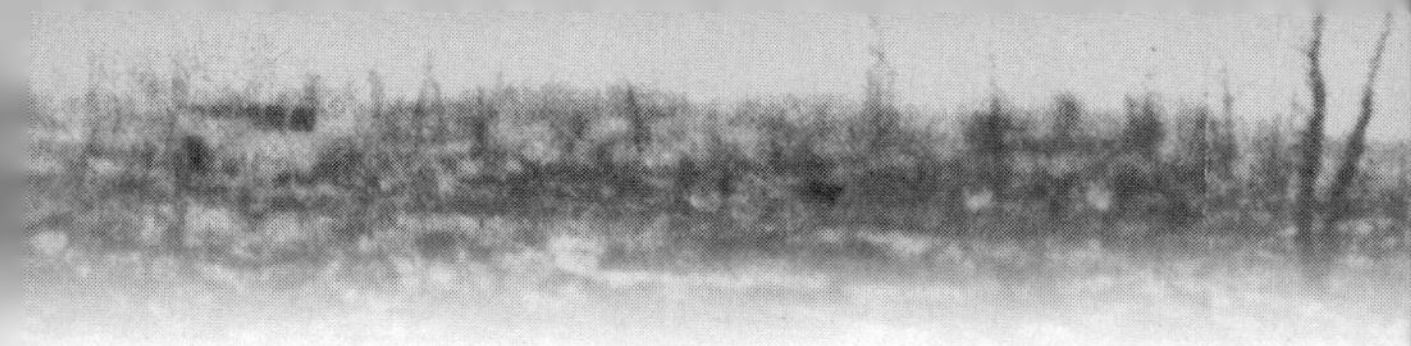

## 360万部のミリオンセラー

連合国軍による占領統治が始まってから2週間ほどたった1945年9月15日、1冊の本が発売された。32ページの単行本『日米会話手帳』である。

出版したのは誠文堂新光社の子会社の科学教材社だ。

社長の小川菊松は日本の敗戦を伝える**玉音放送を聞き、涙を流しながらこの英会話本の企画を思いついた**という。

しかも、極端に物資がないご時世だったにもかかわらず、小川は自社に大量の紙を持っていた。

誠文堂新光社は、戦時中も軍事技術をたたえる科学雑誌をつくっていたことから、たくさんの紙の配給を受けていたのだ。

小川は原稿をつくると、焼け残った大日本印刷に大八車で紙を運んで、本を完成させた。

本が発売されると全国から注文が殺到し、初版の30万部は数日で売り切れた。

そして、わずか3ヵ月で300万部を売り上げ、**総発行部数360万部**という**戦後初のミリオンセラー**となったのだ。

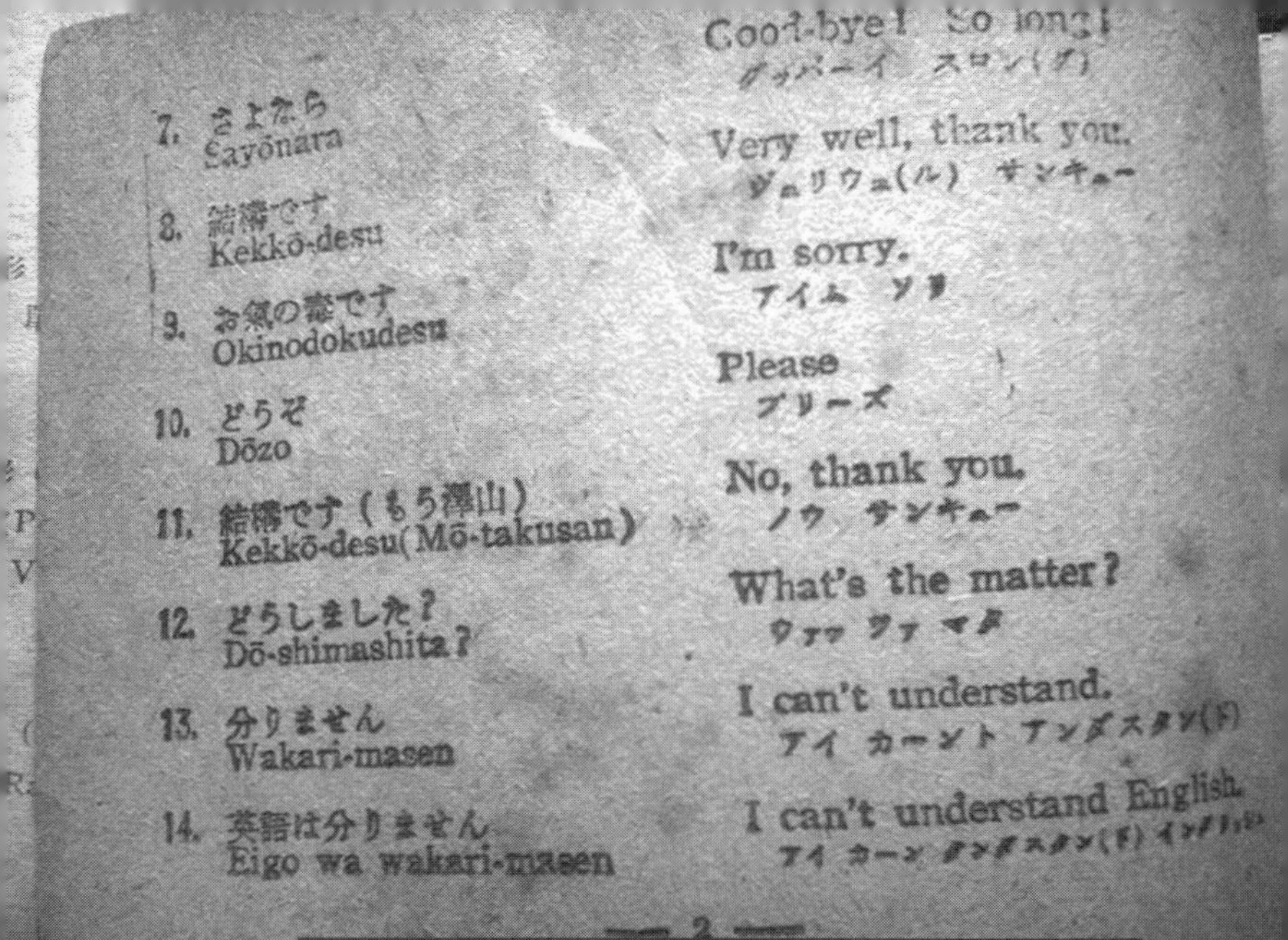

7. さよなら Sayōnara — Good-bye! So long! グッバーイ スロン(グ)

8. 結構です Kekkō-desu — Very well, thank you. ヴェリウェ(ル) サンキュー

9. お氣の毒です Okinodokudesu — I'm sorry. アイム ソリ

10. どうぞ Dōzo — Please プリーズ

11. 結構です(もう澤山) Kekkō-desu(Mō-takusan) — No, thank you. ノウ サンキュー

12. どうしました? Dō-shimashita? — What's the matter?

13. 分りません Wakari-masen — I can't understand. アイ カーント アンダスタン(ド)

14. 英語は分りません Eigo wa wakari-masen — I can't understand English.

— 2 —

『日米会話手帳』の中身は比較的シンプルだ。(写真提供:町家古本はんのき)

## 類似本が出るとあっさり絶版される

戦時中、英語は〝**敵性語**〟として厳しく禁止されていた。外来語はことごとく日本語に言い換えられ、コロッケは「油揚げ肉まんじゅう」、サイダーは「噴出水」などといわれていたのだ。

だが、実際のアメリカ人を目の当たりにすると、やたらとフレンドリーで物資は豊か。日本人の英語アレルギーはしだいに薄れ、英語を身につけてアメリカ人相手に商売をしようとする者や、通訳を目指す者も現れ始める。

だが、出版から3ヵ月たって類似本が続々とつくられると、『日米会話手帳』はお役目御免とばかりに**あっさりと絶版された**のである。

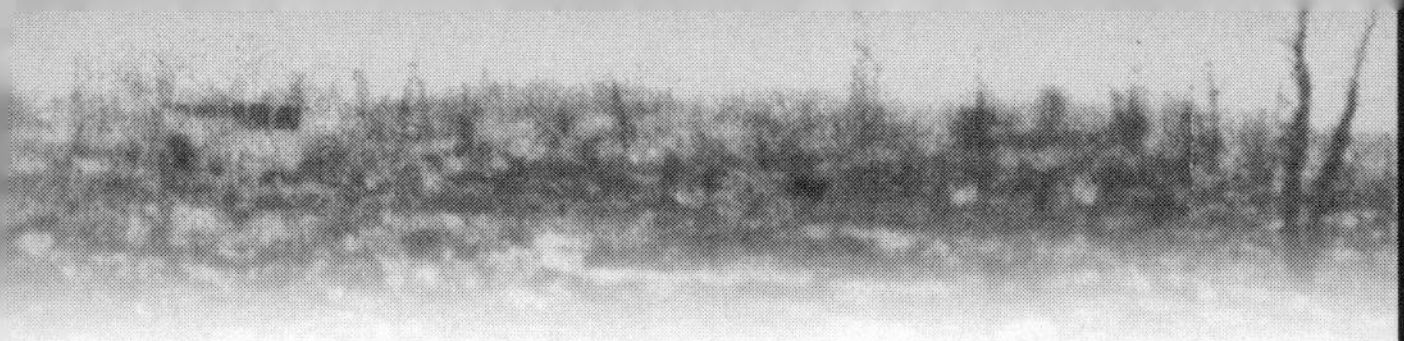

# 米兵を魅了した謎のアイドル・東京ローズ

## 日本政府が流したプロパガンダ番組

神奈川県の厚木基地にマッカーサーが乗った飛行機が到着した時、その機内には連合国の記者団が同乗していた。

日本に降り立った彼らは、3人の大物のインタビューを狙っていた。昭和天皇、東条英機、そして東京ローズである。

東京ローズとは、戦争中にラジオ・トウキョウから流れていた**英語番組『ゼロ・アワー』の女性ＤＪ**である。

番組は、郷愁を誘うアメリカのヒットソングの紹介と、「ハロー、ボーイズ」で始まる**アメリカ兵への甘いメッセージ**で構成されていた。ただし、**その内容はプロパガンダ**だった。

「大きなお船の中はさぞ快適でしょうね。でも、もうすぐ海の底に沈んでしまうと思えばかわいそうな気がするわ」

「アメリカの海兵隊のみなさん、いつもお勤めご苦労さま。今頃、あなたの奥さんや恋人は他の男とよろしくやっているわ」

『ゼロ・アワー』は、南太平洋上で戦っている**アメリカ兵の戦意喪失を狙って日本政府が流した番組**だったのだ。

横浜プリズンに留置される「東京ローズ」。(ドウス昌代著『東京ローズ』(サイマル出版会)より引用)

だが、自分たちを絶望の淵に追いやる内容であるにもかかわらず、その**セクシーボイス**に魅せられたアメリカ兵士は少なくなく、声の主はいつしか「東京ローズ」と呼ばれて話題の的になっていったのだ。

## 逮捕された「東京ローズ」

戦争が終わって連合国軍が日本に上陸すると、記者団は我先にと東京ローズ探しを始めた。そして間もなく**「東京ローズが見つかった」**という一報が彼らの間を駆け巡った。

1945年9月5日に、東京ローズであると名乗り出た女性が横浜で取り調べを受けているというのだ。

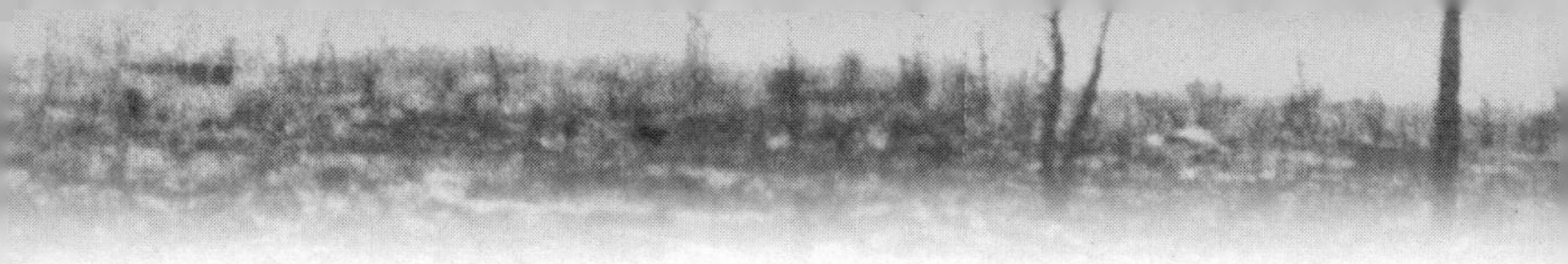

その女性は**アイバ・トグリ・ダキノ**という名の日系2世の人物だった。彼女は１９４１年に叔母を見舞うために来日したが、滞在中に日米が開戦して帰国できなくなっていた。
そして、アメリカ国籍のままアナウンサーとして採用され、ラジオの前のアメリカ兵に語りかけていたというのだ。

## 東京ローズは数人いた？

逮捕されたアイバは横浜刑務所に収容されて巣鴨拘置所に移されるが、１９４６年10月25日に証拠不十分で釈放された。

拘留中、アイバのもとには東京ローズにひと目会いたいとアメリカ兵が面会を求めてやってきた。だが、その声を聴いたアメリカ兵らは、**本当に彼女が東京ローズなのかと首をかしげた**。ラジオから流れていた女性の声は、艶めかしいウィスパーボイスだったのに、アイバの声はガラガラでお世辞にも美声とは言い難かったからだ。

東京ローズの逮捕・拘留はアメリカの新聞でも大々的に報じられたが、その内容は悪意に満ちたものだった。

巣鴨拘置所を釈放されたアイバは、アメリカに送還されると再び**国家反逆罪**で起訴され、禁固10年、罰金1万ドルの判決を受けた。

のちに、**東京ローズは複数いた**ということがわかったのだが、アイバ以外には名乗り出る者はなく、結局、日本に駐留していたアメリカ兵たちは恋い焦がれた声の主には会えなかったのである。

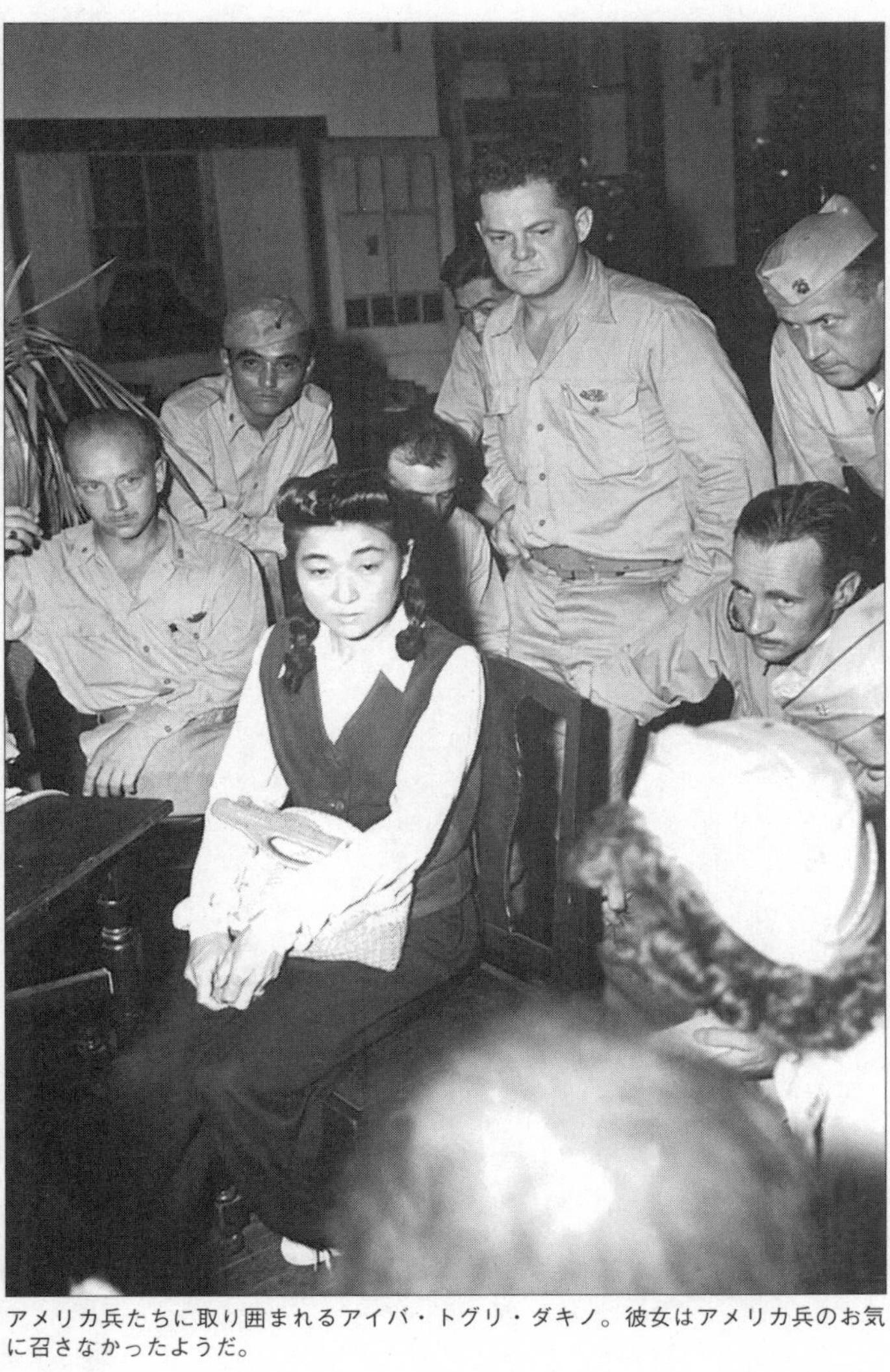

アメリカ兵たちに取り囲まれるアイバ・トグリ・ダキノ。彼女はアメリカ兵のお気に召さなかったようだ。

# GHQ製作のラジオ番組『真相はかうだ』

## プロパガンダのような番組

日本が連合国の占領下に置かれたまま、初めての年末を迎えようとしていた1945年12月9日、NHKラジオ第1放送と第2放送との同時放送で、ある番組が始まった。

番組名は『真相はかうだ』だ。

戦時中、日本軍や政府が国民に伝えなかった真実を暴露するというふれこみでスタートした番組である。

登場人物は文筆家の男性と「太郎」という男の子で、太郎の疑問に男性が答えていくという形式のシナリオだった。

たとえば太郎が、「新聞には日本軍が敵に多くの損害を与えたと書いてあったのになぜ負けたのか」と聞けば、文筆家は「それは大本営のウソ八百で……」などと**大本営発表が虚偽に満ちていたことを教える**。

そして、**連合国の行いがいかに正しかったか**を説いて、新しい未来をイメージさせて締めくくる。

これを毎日毎日繰り返し日本人に聞かせたのである。まるで、**アメリカのプロパガンダのような内容**だったのだ。

GHQに接収されて「ラジオ・トウキョウ」となっていた頃のNHK放送会館。

## つくっていたのはGHQ

それもそのはずで、『真相はかうだ』は表向きにはＮＨＫが製作した番組とされていたが、じつは企画から脚本、演出までをすべてＧＨＱの民間情報教育局（ＣＩＥ）が手がけていたのである。

これは、日本の軍国主義を排除して、**日本人の精神構造をコントロールすることを意図してつくられた番組**だったのだ。

そのため、目的のためには**事実の歪曲も行われた**。

たとえば日米開戦については、真珠湾攻撃の計画を知りながら、知らぬふりをしてアメリカと和平交渉をしてだました当時の駐米大

使に責任があると説明し、また原爆投下も連合国からの予告を無視した日本政府のせいだと語った。

さらに、ポツダム宣言がいかに寛大で人道的な条件だったかなども語られ、敗戦の敗北感や安堵感など複雑な気持ちを抱えていた日本人の心をさらに揺さぶった。

『真相はかうだ』は、毎週日曜日の午後8時というゴールデンタイムに全10回にわたって放送されたうえに、再放送が毎日のように繰り返し流されたのだ。

この番組がいうように、たしかに報道規制が敷かれていた戦時下にラジオや新聞で流されていた大本営発表は虚実入り混じったものだった。

日々、日本軍が優勢だと聞かされながら、ある日突然敗戦を告げられた国民は、真相を知りたいと願ったことだろう。

だが、その**真相を伝えるという番組さえも歪曲されていた**のだから、日本人は戦中戦後を通じて**情報に翻弄された**といってもいい。

## 題名を変えて続けられる

『真相はかうだ』は日本の極悪非道さを強調していたうえに、演出に効果音をやたらと使うアメリカ流の手法だったのが日本人に合わなかったのだろう。回を重ねるごとにNHKラジオには批判的な投書が増えていくのだった。

だが、なかには「あの放送は面白い。軍部の罪悪をもっと徹底的にたたいてくれ」と激

一連のラジオ番組を手がけた民間情報教育局（CIE）は、日本各地に図書館を設置し、洋書の一般公開なども行った。

励する手紙もあったという。

そんなリスナーの希望に応えるという名目で、『真相はかうだ』の放送が終わると、翌週からはCIEがリスナーの質問に答えるという形式の**『真相箱』**が始まった。

『真相箱』は、番組に届いたリスナーの質問に答えるというスタイルだったが、旧日本軍の残虐ぶりを暴いて戦争犯罪を徹底的に批判し、日本人の思想をコントロールするという目的は『真相はかうだ』と何ら変わりはなかった。

10ヵ月あまりにわたって放送された『真相箱』が終わると、今度は**『質問箱』**と名を変えてプロパガンダは続いた。

こうして、GHQによって操作された〝真相〟は、電波を通じて日本の津々浦々にまで浸透していったのである。

# 日本とアメリカの間に生まれた子供たち

## 連合軍が残した〝GIベビー〟

敗戦の混乱は、過酷な運命を背負った子供を生み出した。連合軍兵士と日本人との混血児、いわゆる**〝GIベビー〟**である。

その多くは、国がつくった進駐軍向けの慰安所で働く慰安婦や進駐軍兵士相手の私娼となった女性の子供だったり、レイプの末に生まれた子供もいた。

なかには恋愛や結婚の末に生まれた子供もいたが、兵士の帰国命令が下りると帰国した夫と連絡が取れなくなり、やむなく母子家庭となったケースもあった。

いずれにせよ、そこには貧しさや差別、偏見がつきまとい、世間体から**母親がわが子を捨てるという事件が後を絶たなかった**のだ。

そんな混血の子供たちを救ったのが、**澤田美喜**が設立した**孤児院エリザベス・サンダース・ホーム**だった。

エリザベス・サンダーとは、クリスチャンだった美喜が信心していた日本聖公会の信者の1人で、彼女が死にあたって聖公会に寄付したお金が孤児院の設立基金にあてられたことからこの名前がつけられた。

澤田美喜と子供たち。(1948年5月)

# 包の中にあったのは赤ちゃんの死体

澤田美喜は三菱財閥の創始者である**岩崎弥太郎の孫**で、外交官の澤田廉三の妻である。夫がクリスチャンだったことから、結婚後にキリスト教に改宗した。

戦前は夫が赴任した南米やヨーロッパなどで華やかな海外生活を送っており、イギリスではボランティアとして孤児院に関わっている。

そんな美喜に転機が訪れたのは1947年のことだった。

汽車に乗っていた美喜の膝に、網棚から紫の風呂敷包みが落ちてきた。持ち主がわからないので慌てて網棚に戻したところ、それを

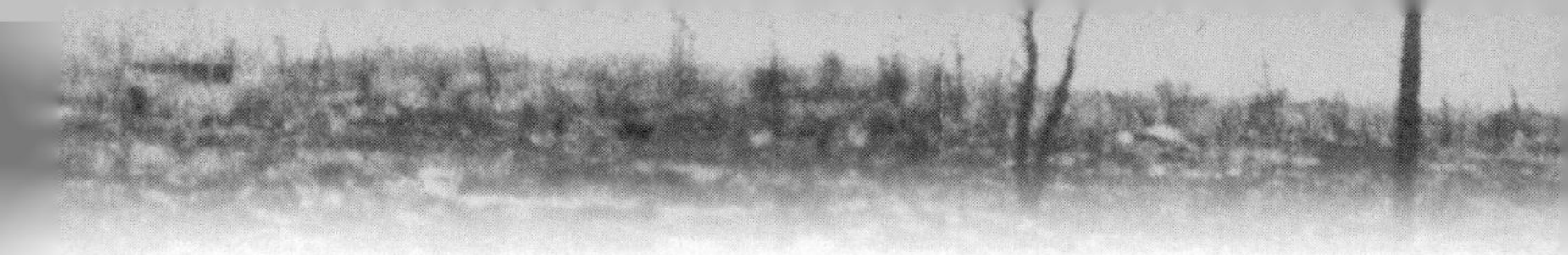

ヤミ物資の取り締まりをしていた公安員が見ていて、中身を見せろと命令されたのだ。

仕方なく美喜が包みを解いてみると、そこにあったのは**黒い肌の赤ちゃんの死体**だったのだ。

何の罪もないのに人生が奪われていくＧＩベビーの厳しい状況に心を打たれた美喜は、これは神の啓示だと受け止めた。

そして、誰からも祝福されずに捨てられていく子供たちを救うために、混血児を収容する孤児院をつくることを決意したのだった。

## 冷ややかな世間にもあきらめない

捨てられた混血児たちの母になろうとホームの設立にとりかかった美喜だったが、そんな活動に対して世間は冷ややかだった。

没収された岩崎家の大磯の別荘を孤児院にしたいとＧＨＱに掛け合っても嘲笑《あざわら》われ、別荘を買い戻せば使ってもいいといわれる。

そこで美喜は私財を投げ売り、寄付を集めて大磯の別荘を買い戻した。そして、アメリカにも飛び、**講演活動や寄付で得た資金でホームを運営した**のだ。

## アメリカに乗り込んで活動する

だが、そんな美喜の活動をＧＨＱはさらに阻止してきた。

ＧＨＱにとってＧＩベビーは**本国に隠して**

新しい親に引き取られていく子供。（1952年）

**おきたい存在**である。施設をつくってＧＩベビーを集めるなどという目立つ行為は言語道断だった。

そこで美喜の活動を批判し、アメリカ聖公会本部からの援助を打ち切らせた。

しかし、元来負けず嫌いだった美喜は、それでも**アメリカに乗り込んで混血児問題を訴えて募金を集めた**のである。

また、講演活動中のニューヨークで出会い、のちに有名歌手となるジョセフィン・ベーカーなど多くの人に助けられ、エリザベス・サンダース・ホームは運営されていった。

エリザベス・サンダース・ホームには全国から孤児が集まった。美喜は母として教育者として、78歳で亡くなるまでに約２０００人の子供たちを育て、社会に送り出したのである。

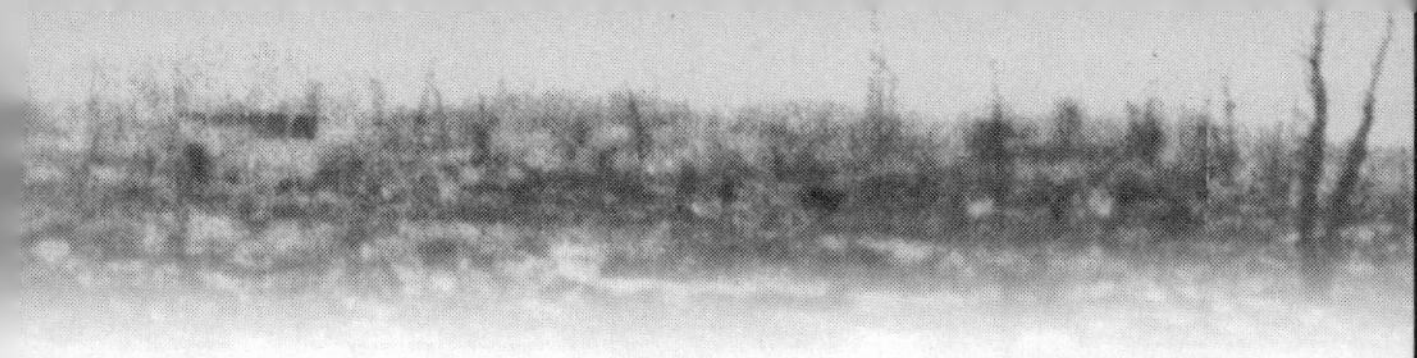

# 幻に終わった日本分割占領計画

## 日本も分裂していたかもしれない

第2次世界大戦が終結すると、今度は世界がアメリカを中心とする資本主義陣営とソ連を中心とする社会主義陣営とに分かれて睨み合いを始めた。**東西冷戦**である。

この大国同士のイデオロギーの対立によってドイツやベトナムでは国家が分断し、朝鮮半島では今でも分断が続いている。

だが、終戦時に日本も同じ境遇に立たされていたことはあまり知られていない。

じつは戦後の日本占領については、アメリカのルーズベルトとソ連のスターリン、イギリスのチャーチルとの間で**密約が交わされていた。**

そこでは、日本もドイツと同様に**分割占領することが決められていた**のだ。

## アメリカだけで統治することになる

分割占領案は、終戦までにアメリカ軍の内部でほぼ固まっていたという。

4カ国による分割案を描いた地図。

それによると、北海道と東北地方は**ソ連**が占領し、関東地方と中部地方は**アメリカ**、東京はアメリカとソ連・**イギリス・中国**の共同管理、関西地方はアメリカと中国で共同管理することになっていた。また、四国地方は中国、中国地方と九州地方はイギリスが統治するとなっていたのだ。

だが、この案は実行されることなく廃案になった。理由ははっきりとしないのだが、一説にはアメリカが大戦中に**核爆弾の開発と運用**に成功したため、アメリカが日本占領の主導権を握れたからではないかといわれている。

また、大戦中にアメリカを率いたルーズベルトが急死したことで、**アメリカの対ソ連外交政策**が変わったからだという説もある。

いずれの理由にせよ、日本は国が分断されるのをまぬがれることができたのだ。

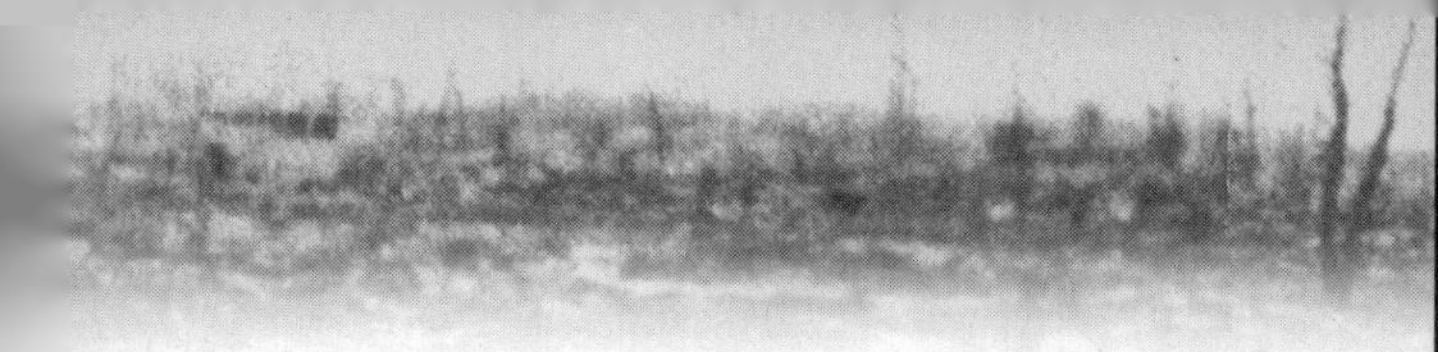

# 憲法改正をめぐる各国のかけひき

## 天皇を裁きたかった連合軍

1945年8月14日に日本がポツダム宣言を受諾し、降伏したことで、戦争は終結した。

そして、日本には**マッカーサーという新たな〝統治者〟が現れた**。

そのマッカーサーがやるべきことは、軍部を解体して日本を民主化するなど、ポツダム宣言に基づいて日本を徹底的に改造することである。

そのためには、大日本帝国憲法を修正する必要があった。当時の憲法では日本の主権者は天皇で、また軍隊の最高指揮権を持っていたのも天皇だったからだ。

また、日本の軍国主義を排除するためにいかに日本の憲法を改正するかは、連合国がもっとも関心を寄せていることだった。

特にソ連やオーストラリアは、憲法を改正すると同時に**天皇を戦犯として裁くことを強く望んでいた**。

アメリカでも世論は天皇を処罰すべきという意見が多数で、マッカーサーも「ついに天皇を捕まえる時が来た」という思いで日本に乗り込んできたという。

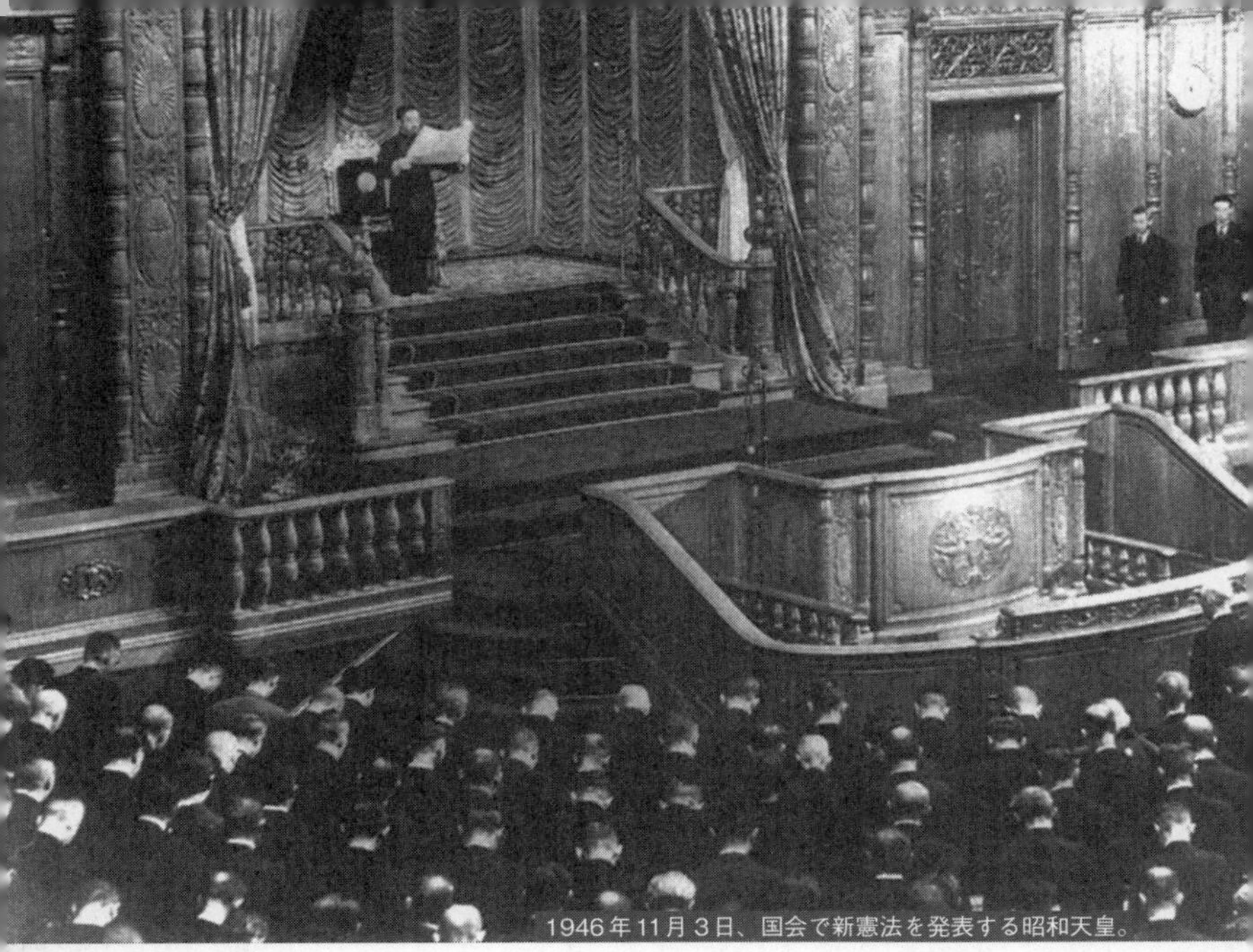

1946年11月３日、国会で新憲法を発表する昭和天皇。

## 天皇を処罰しないと決めたマッカーサー

だが、実際に天皇陛下を目の当たりにしたマッカーサーは、その考えを改めることになる。

独裁者だとばかり思っていた天皇が、自分はどんな極刑でも受けるので、どうか国民の衣食住に心を配ってほしいと申し出たのだ。

また、マッカーサーの部下が日本政府の大臣に行った調査でも、日本人が天皇に対して強い思いを抱いていることがわかった。

そこで、日本を混乱させることなく占領政策をやり遂げるために、**マッカーサーは天皇を処罰しない決断を下した**のである。

だが、天皇制を残したまま日本の憲法を改

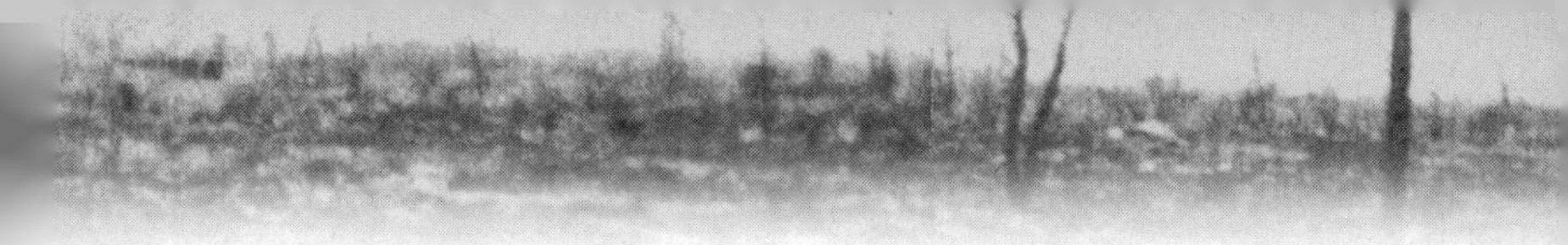

正するとなると、ソ連やオーストラリアなど他の連合国から強い反発があるのは目に見えている。

そこで、マッカーサーは連合国で構成された極東委員会が本格的に動き出す前に、憲法改正を進めることにした。

日本占領の最高機関となる極東委員会は1946年2月下旬に発足する。マッカーサーはGHQの権限が制限されるまでに、みずからの意向に沿った憲法改正案づくりを急ぐ必要があったのだ。

## 抵抗する日本側が折れた理由

マッカーサーから憲法改正の必要を知らされた日本側は、ただちに調査委員会を設立し、極秘のうちに改正案づくりを進めた。

にもかかわらず2月1日、草稿が毎日新聞に掲載されてしまう。

しかも、その改正案はそれまでの憲法と文言が多少違っているだけで、天皇の地位や権限も本質的には変わっていない保守的なものだった。

これを見たマッカーサーの腹心でGHQ民政局長のホイットニーは、この案は受け入れられないと判断した。

そして2月13日、ホイットニーを訪れた吉田外相と松本国務相に、「あなた方の憲法改正案を受け入れることはまったく不可能」と言い、用意していた文章を手渡した。

そこには英語で『日本国憲法』と記されていたのだ。

占領軍の肝入りでつくられた、新憲法を説明するポスター。人民の平等や信教の自由が描かれている。（ジョン・ダワー著『敗北を抱きしめて』下巻（岩波書店）より引用）

**GHQが勝手に草案をつくっていた**ことに驚愕する日本側に対し、ホイットニーはこう続けた。

「最高司令官（マッカーサー）は、天皇を戦犯として取り調べるべきという外部の圧力から天皇を守ってきた。しかし、最高司令官とて万能ではない」

つまり、総司令部案を採用しなければ、「天皇を戦犯として裁け、天皇制を廃止せよ」と圧力をかけてくる極東委員会から天皇を守れなくなるという意味だ。

日本政府はこの言葉に**強烈なプレッシャー**を感じ、総司令部案を受け入れるほかないと判断したのだ。

こうして、総司令部案を下敷きにした新たな「政府案」がつくられ、現在の日本国憲法は完成したのである。

# 謎多きマッカーサー暗殺計画

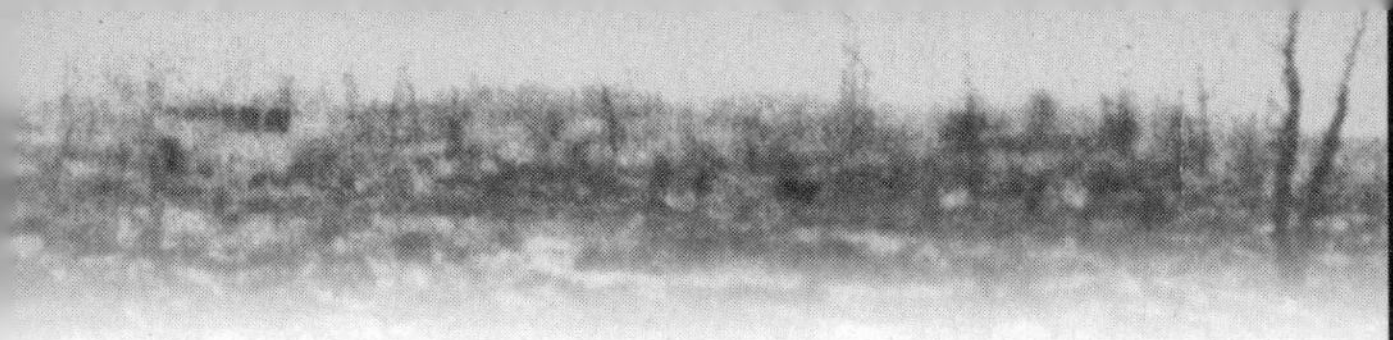

## 謎の男「トカヤマヒデオ」

戦前に起こったクーデター以来禁止されていたメーデーが復活した1946年5月1日、この日の新聞各紙にマッカーサーの暗殺計画を企てている男がいるという記事が掲載された。

それらの記事によると、**「トカヤマヒデオ」**という共産主義者らしき男が、メーデーの騒ぎに乗じてマッカーサー暗殺を企んでいたことが発覚し、その男の行方を追っているというのだ。

## 大事件のはずなのに小さな扱い

マッカーサー暗殺計画が実行される前に発覚したのは、この**計画の共犯者とされる男からタレコミがあった**からだという。

共犯者の名前は**「カナツコーイチ」**といい、トカヤマヒデオとは朝鮮の憲兵学校時代の同級生だったといった。

カナツは4月半ばにトカヤマと東京で会い、

厚木に到着した際のマッカーサー。(1945年8月)

そこでマッカーサー暗殺計画を聞かされた。トカヤマは手榴弾や拳銃、資金として14万円を用意していたという。

このことを4月25日になってカナツがアメリカ陸軍対敵諜報部隊（ＣＩＣ）に話したことから、暗殺計画が発覚したというのだ。

日本を占領下に置いている連合国軍の最高司令官が何者かに狙われているのだ。これは、間違いなく大事件である。

にもかかわらず、記事は**4段ほどの囲み記事**で、その後の**追跡記事もない**。数多く残っているアメリカ将校の回顧録にも、この暗殺未遂事件のことは書かれていなかった。

果たして、トカヤマヒデオなる人物は実在したのか、それとも労働者や市民の権利を要求する声の高まりを抑え込むためのＧＨＱの演出だったのか。**真相はすべて闇の中**である。

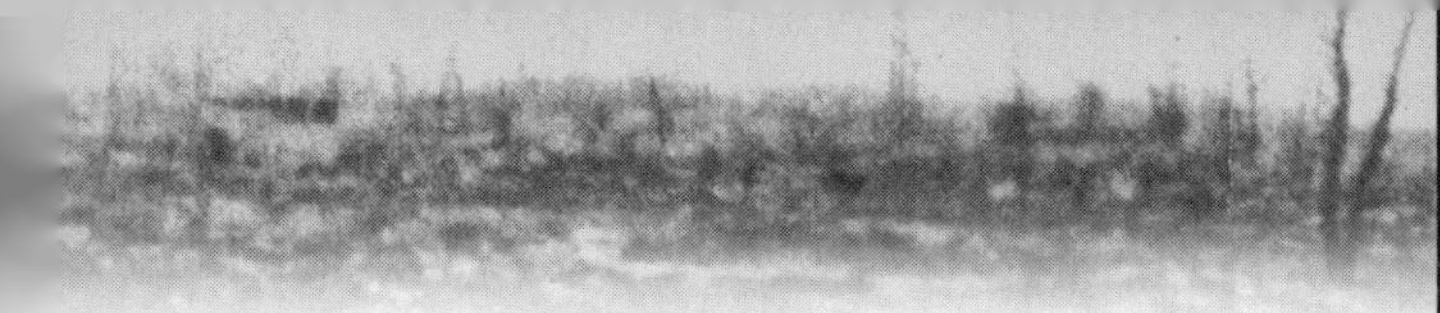



# マッカーサーに感謝した日本人

## 自発的に筆をとった日本人

日本を占領した連合国軍のトップであるマッカーサーのもとには、日本の国民から実に多くの手紙が届いた。

その数は**約50万通**で、書き送ったのは老若男女を問わず、なかには旧軍人や共産党員もいたという。

同じ敗戦国で、連合国軍の支配下にあったドイツでも多少の投書ブームはあったというが、何十万通にも達するものではなかった。

しかし、日本人はマッカーサーが厚木へ降り立つや否や**自発的に筆をとった。**

しかもその内容は**おおむね好意的**で、なかには「日本の将来と子孫の幸福のために、日本をアメリカの属国としてくだされ」などとしたためられたものもあった。

もちろん、少数ではあるが批判を連ねた手紙もあった。

日本の民主化問題などは食生活が満たされてからのことであって、米兵だけが満腹して、日本民衆が飢餓に瀕しているのに何が正義かと物申す者がいるかと思えば、アメリカ兵が銭湯の女湯をのぞいていたと訴える者もいた。

マッカーサーに届けられた手紙の一部。(1948年8月)

また、「アメリカのような偉大な国に指導されるのはこのうえもなく幸福である」といいながら、**アメリカが救ってくれなければ日本は共産化するだろう**と、最後に脅しともとれるようなひと言をつけ加えた手紙もあった。

## 日本政府への失望の反動

GHQに届く手紙が急激に増え始めたのは、戦後処理にあたった東《ひがし》久邇宮《くにのみや》内閣がわずか54日で総辞職してからのことだ。

国民が日本政府への期待感を失っていくと同時に、強烈なカリスマ性を持ったマッカーサーに惹かれていったことを、大量の手紙の束が物語っているのだ。

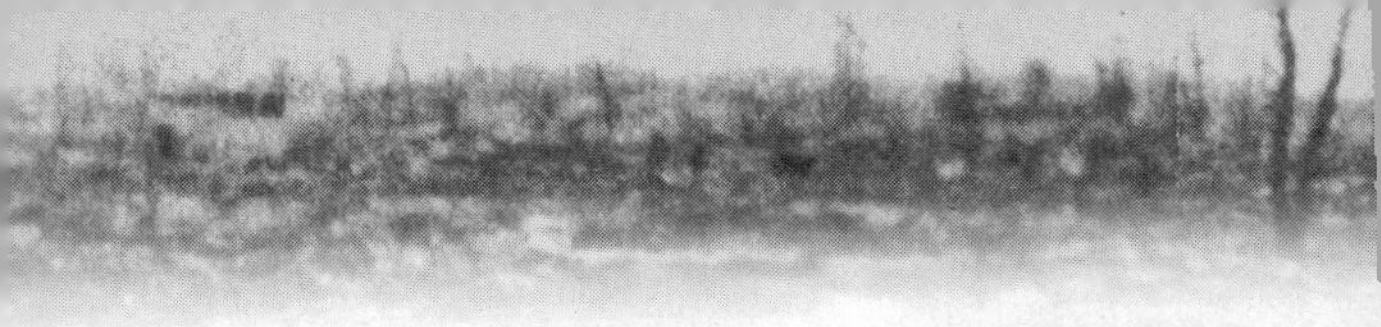

## アメリカ兵による数々の〝非行行為〟

終戦直後の庶民生活を写した写真は数多く残されている。そして、その中に映っているアメリカ兵は笑っていたり、子供と遊んでいたりと穏やかで陽気な雰囲気の印象を与えるものが多い。

だが、もちろん写真に残っている姿だけがすべてではない。

連合国軍の先遣隊が1945年8月28日に日本に上陸すると、**アメリカ兵による犯罪行為が頻発した**。

8月末から1ヵ月の間に、東京や横浜ではアメリカ兵による多数の〝非行行為〟が起きていたことが、2013年に公開された外交文書で明らかになっている。

日本政府がGHQに提出した資料によると、殺人事件が5件、未遂を含めた強姦が44件、誘拐が7件、住宅侵入が18件あった。

だが、占領下で起きた44件の強姦事件などは氷山の一角だということがわかっている。そのため日本政府は、「性の防波堤」としての**特殊慰安施設**を大急ぎで日本各地に開設したのだ。

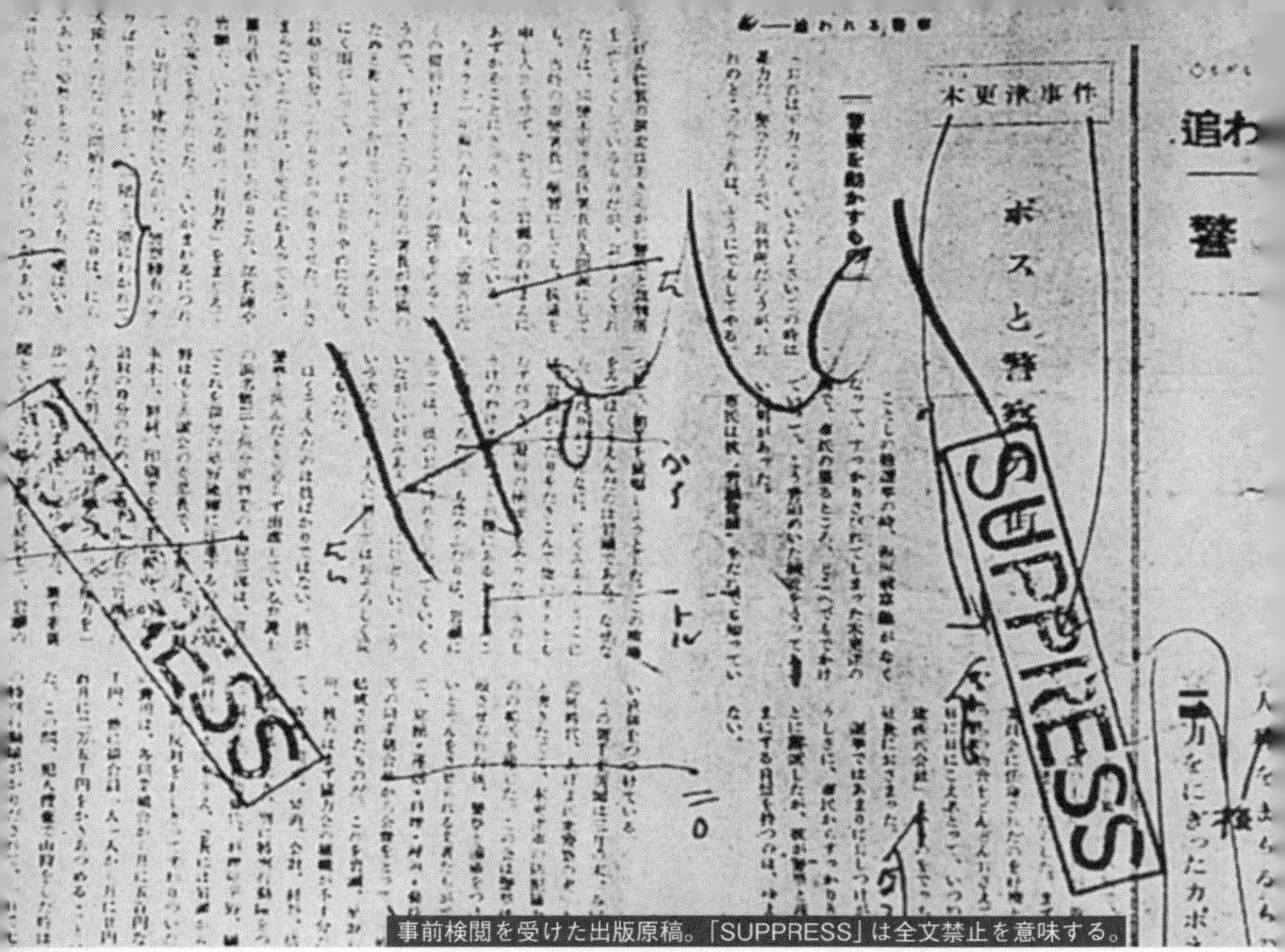

事前検閲を受けた出版原稿。「SUPPRESS」は全文禁止を意味する。

## 検閲によって隠ぺいされた

さらに皇室に関係する事件も8件あった。

9月5日には桜田門に立って**警備していた日本人をライフル銃を持ったアメリカ兵が脅し、拳銃を奪って逃げる**という事件が起きている。

また、神奈川県の**葉山御用邸や竹田宮別邸にアメリカ兵が侵入を繰り返す**事件や、鹿児島では**天皇陛下の写真を射撃して逃げる**という事件もあった。

だが、それらが新聞で報道されることはなかった。GHQによる報道統制と検閲などで、アメリカ兵の犯罪はことごとく隠ぺいされたからだ。

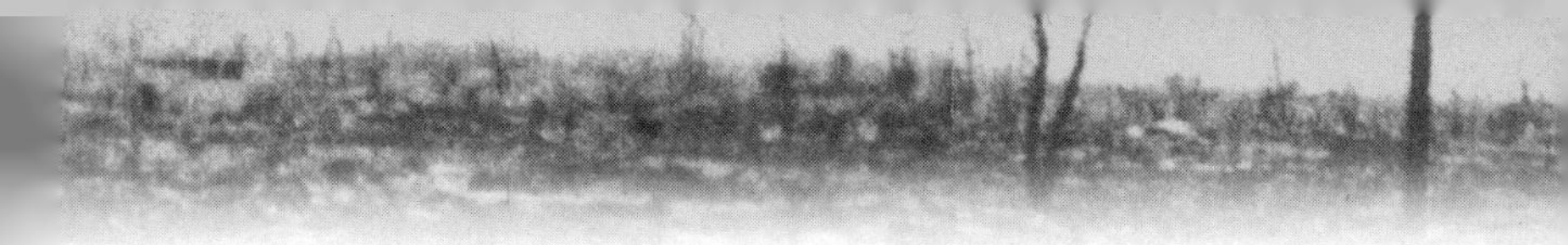

アメリカ当局も、日本に上陸すれば兵士による犯罪が起こることはわかっていた。だから対応は早かった。

9月1日に神奈川県警外事課長がアメリカ兵の暴行事件に関して談話を発表したところ、内務省情報局を通じてこれを**いっさい新聞に掲載してはならない**と、新聞各社に通達があったのだ。

## 6年間続いた占領軍の検閲

9月12日になって、新聞社にGHQから報道の取り締まりについての通告が届いた。

その中には、「公表せられざる連合国軍軍隊の動静および連合国に対する虚偽の批判または破壊的批判ないし流言は取り締まるものとする」と書かれてはいたが、要は**GHQにとって都合の悪い部分は報道してはならない**ということだ。

この通告を原型にしたGHQのプレスコードは9月21日に正式に発令された。そして、それはサンフランシスコ講和条約締結までの6年あまりにわたって新聞記者を悩ませることになるのだ。

日本政府も「進駐米軍の行動に関する記事はいっさい差し控えた方がよい」と新聞社に通達している。

そして、記事の「アメリカ兵」の部分は削除され、**「色白の大柄な男」**や**「色黒の男」**に書き換えられ、世の中を震撼させるようなむごい事件であればあるほど真実は隠され続けたのだ。

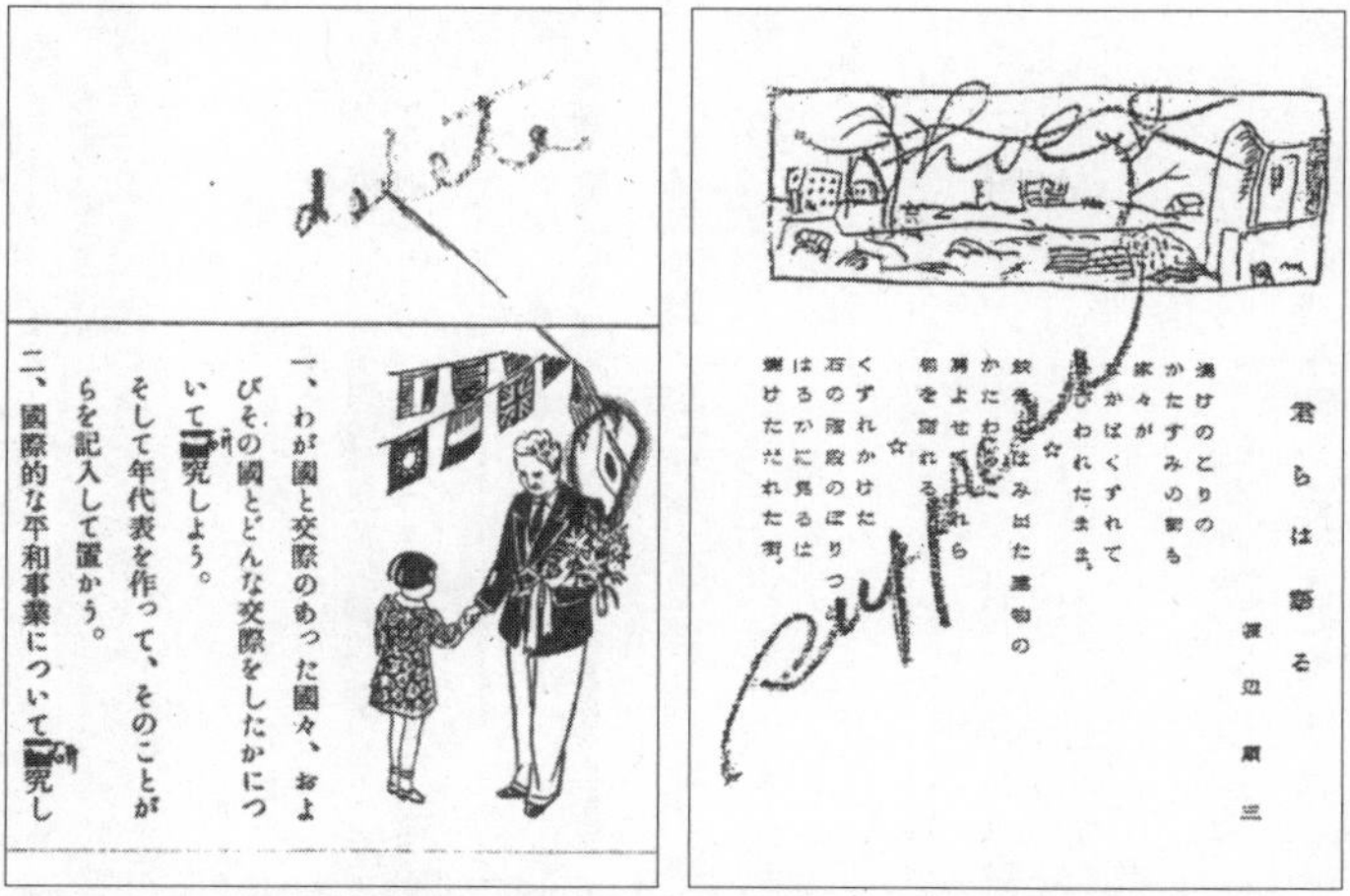


検閲は小学校の教科書に描かれた日本国旗（左）や、詩の内容（右）にまで及んだ。
（ジョン・ダワー著『敗北を抱きしめて』下巻（岩波書店）より引用）

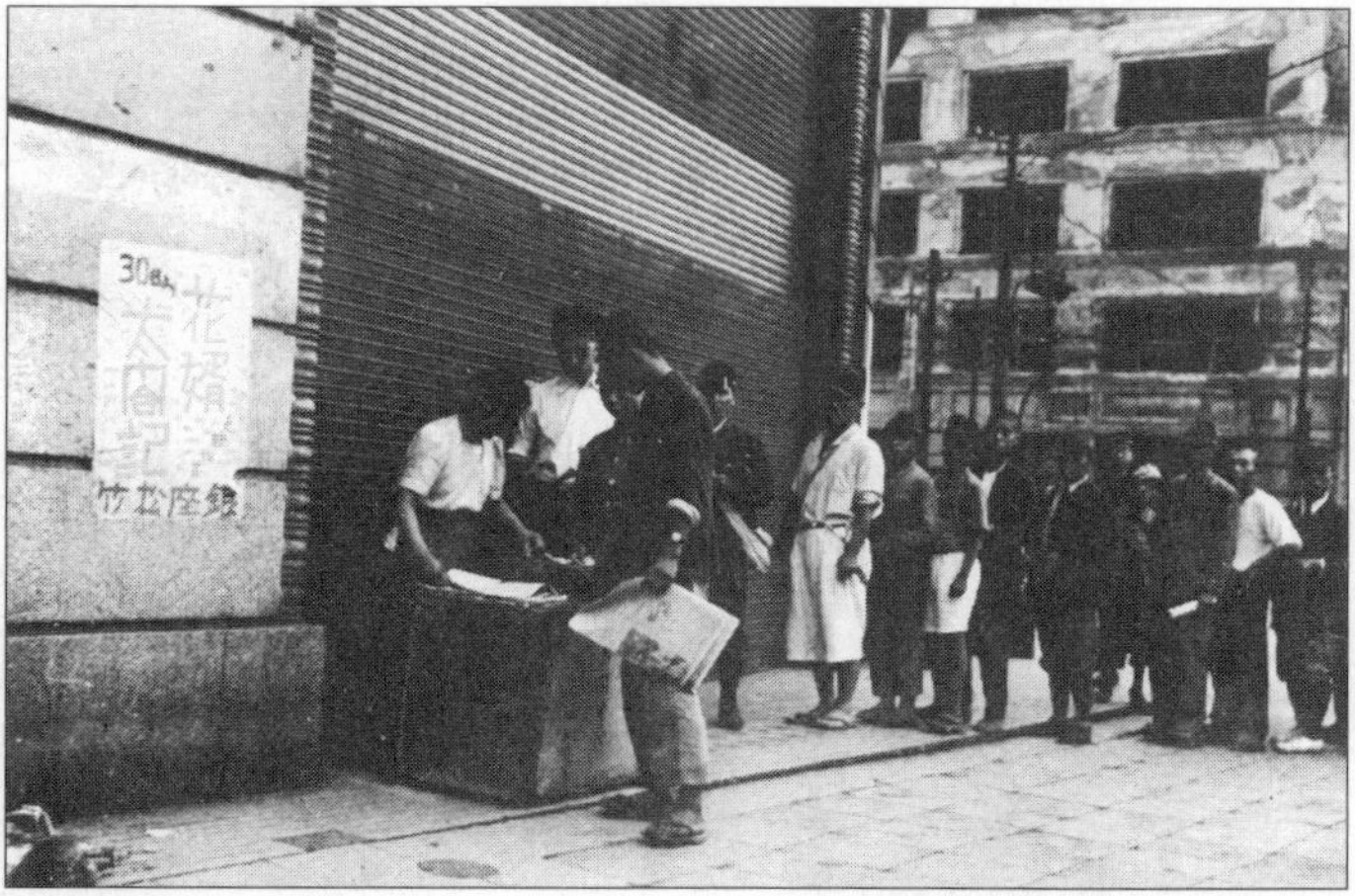

新聞を買うために列をつくる人々。しかし時として紙面には、検閲によって真っ白になった部分があった。

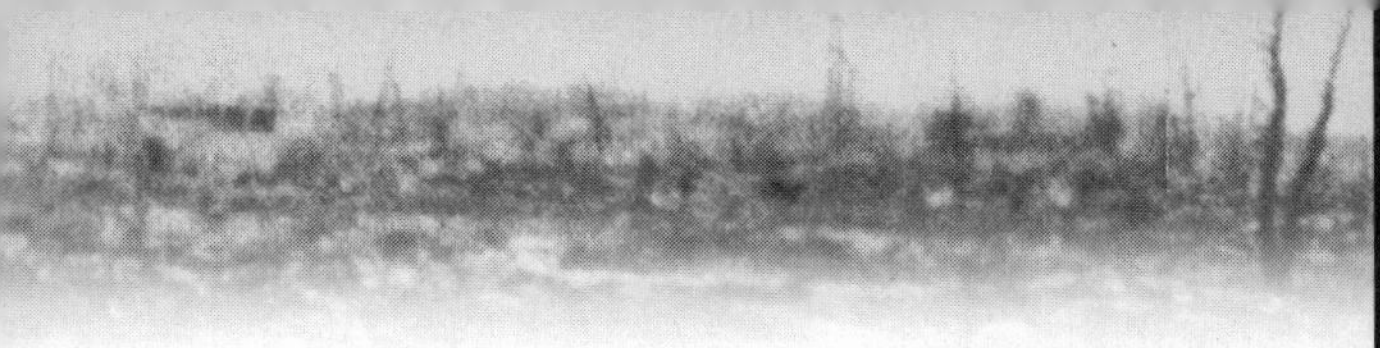

# 原爆の報道に目を光らせたアメリカ

## まず日本政府が原爆の事実を隠す

数十万人の人々が暮らす広島と長崎に核爆弾が落とされ、一瞬にして大勢の人々の命と街が破壊される。

現代ならインターネットで瞬時に世界中に流れるような大事件だが、当時の日本人がこの大惨事を詳しく知るのは、かなり時間がたってからのことになる。

その理由は、まず**日本政府が悲惨な現実を知って国民が戦意喪失することを恐れ、事実を隠した**からだ。

政府の検閲を受けた新聞は、広島の被害を小さな見出しで「若干の損害」と書き、長崎に至っては2日後に「比較的僅少なる見込」と伝えただけだったのだ。

## GHQによる新たな検閲が始まる

新聞紙上に初めて「原爆投下」の文字が載ったのは、8月11日のことだった。

日本政府は報道規制を解除して、アメリカ

広島に落とされた原爆があげるキノコ雲。

軍機が広島と長崎に落としたのが新型爆弾であること、そしてその威力が毒ガス以上であることを発表した。

さらに、次に新潟が狙われると報道され、新潟県が市民に「原爆疎開」命令を出すという混乱も起きた。

しかし、終戦後間もなく連合国軍が日本に上陸すると、再び原爆報道はいっさいされなくなってしまう。プレスコードが出され、**新たな報道の検閲が始まった**からだ。

GHQは日本政府が行ってきた言論統制を禁じ、「報道は厳格に真実を守らなければならない」としたものの、**みずからの威信を傷つけたり、批判する記事については印刷前に削除してことごとく封印した。**

なかでも、原爆に関する報道については、いち早く厳重に報道を禁じたのだ。

# 外国への原爆報道も禁止する

原爆による日本人の大量殺戮は、アメリカにとっては**世界に隠しておきたい事実**だった。広島や長崎の被害が世界に知れわたることによって、世界中で反米感情が高まることを恐れたのだ。

ところが、連合国の記者として来日したジャーナリストのなかに広島に向かった者がいた。

イギリスのデイリーエキスプレス紙の特派員、ウィルフレッド・バーチェットである。

バーチェットは、原爆投下から1ヵ月近くたってもなお、人々が放射能に苦しんで次々と死んでいく**地獄のような惨状を記事にした**。

この記事を読んだGHQは、ただちに報道規制を敷き、**外国人記者の広島と長崎への立ち入りを禁じた**のだ。

ところが、広島と長崎で核爆弾の威力を十分に確認した後も、アメリカの核実験は終わらなかった。

日本に原爆を落としてから1年もたたない1946年7月には、ビキニ環礁で2度にわたって**核実験**を行っている。

実験場には日本やドイツから接収した艦船など70隻あまりを集め、標的にされた戦艦の中には人間の代わりにハツカネズミや豚、ヤギなどの動物を乗せた。

その上空と水中で、長崎に投下した原爆と同等クラスの原爆を爆発させ、その威力を試したのだ。

DAILY EXPRESS
30th DAY in Hiroshima: Those who escaped begin to die, victims of—
THE ATOMIC PLAGUE
'I write this as a warning to the world'
DOCTORS FALL AS THEY WORK
Poison gas fear: All wear masks
THE PICTURE THAT DOES NOT TELL THE WHOLE STORY
The big switch: 'Over by spring'
4.30 a.m. LATEST
3,320,173 AMAZES AMERICA
MAN IS
SPAIN TO

デイリーエキスプレスの記事。見出しは「原子の伝染病」となっている。

## 記録フィルムは没収される

長崎に原爆が落とされた直後の8月10日、日本政府はスイス政府を通じてアメリカに強く抗議している。

B29による無差別攻撃や原爆投下は、国際法違反の非人道的行為だとして海外に広めようという動きもあった。だがアメリカ政府は、日本軍が連合国捕虜を虐待していることを理由に、原爆を落としたことさえも正当化した。

国内では**原爆被災記録映画**をつくろうとする動きもあり、日本映画社は廃墟となった広島と長崎に入った。だが、**そのフィルムも完成と同時にアメリカ軍に没収され**、原爆の恐ろしさを世に広めることはできなかったのだ。

# 4章 混乱と事件

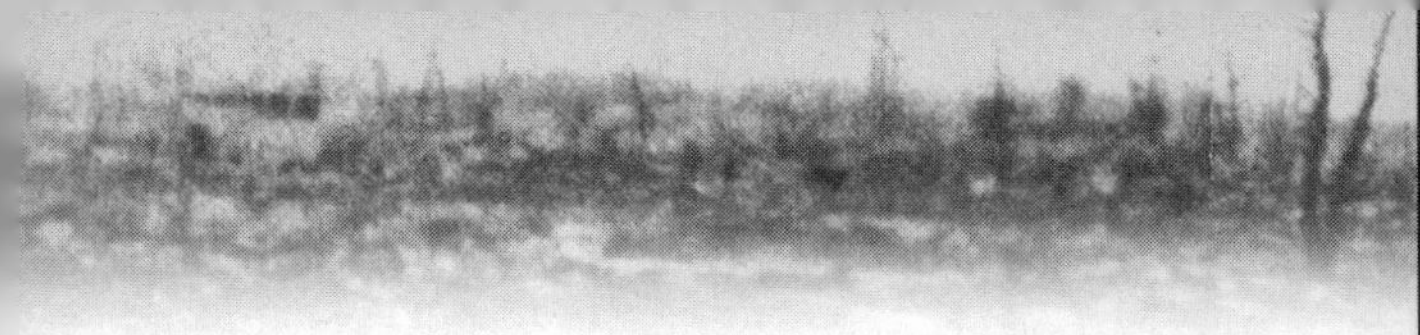

# ハイパーインフレで物価が１００倍になる

## 米の値段が70倍以上になる

戦後の国民生活を大きく混乱させたことのひとつが、激しいインフレーション（インフレ）である。

インフレとは、物の値段が上昇し、お金の価値が下がり続ける状態のことをいう。

終戦後の日本では猛烈な勢いで物価が上昇し続け、**数年間で消費者物価指数が約１００倍**というハイパーインフレに見舞われた。

たとえば、米10キログラムの値段は１９４５年12月の時点では６円だったが、１９５０年には４４５円にまで値上がりしている。なんと70倍以上になっているのだ。

また、１９４５年には60円だった巡査の初任給も１９４９年には３７７２円と60倍以上になっている。

## 紙幣だけが増えたことによるインフレ

この未曾有のハイパーインフレを招いた第一の要因は、戦時中に**臨時軍事費**を一挙に使

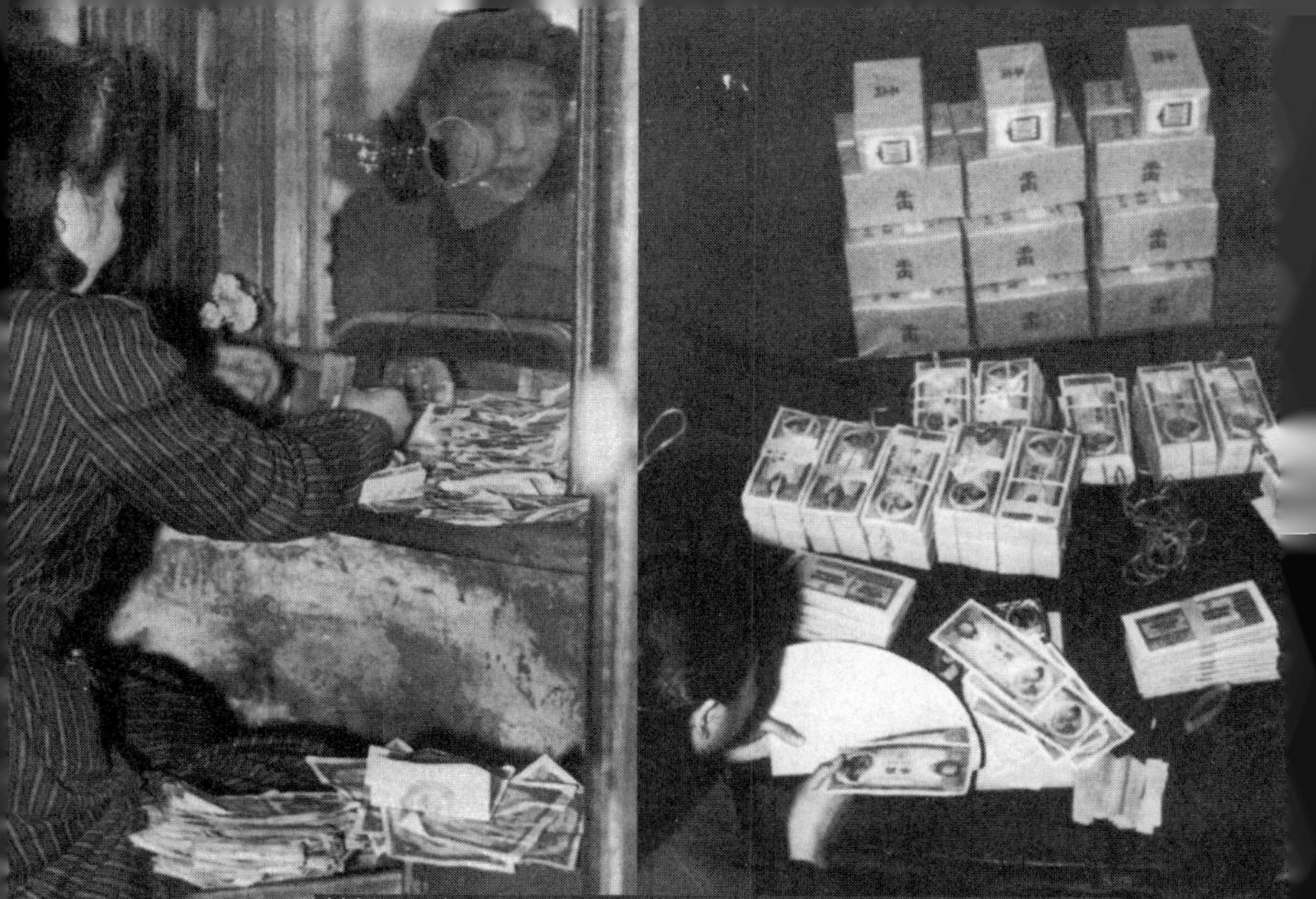

（右）1950年1月には1000円札が登場した。（1949年11月）
（左）インフレで映画の切符売場にはお札の山が築かれた。（1946年11月）

いきってしまったことだ。

臨時軍事費とは、陸軍や海軍の作戦遂行のために設けられた特別会計である。1945年度の臨時軍事費は850億円で、本土決戦に備えて、ほとんどの臨時軍事費が軍需会社に手渡されていた。

しかし、資源不足で軍需物資の生産ができないうちに終戦を迎えたことで、**大量の紙幣だけが市中に放出された**のだ。

また、外地から600万人以上もの引揚者があったことから**モノ不足**が生じた。このため、日本は通貨の供給過剰と極度のモノ不足でインフレに陥ったのだ。

庶民はその日の米を買うことすらままならず、生きるために次々と預金を引き出してはヤミ物資を買いあさった。**ヤミ値は高騰**し、さらにインフレを加速させたのである。

# 預金封鎖と新円切替による大パニック

## 自分の預金が引き出せない

戦後の日本は、物価がどんどん上昇し続ける激しいインフレーションに陥った。

その対策として当時の幣原《しではら》内閣が突如として発表したのが、預金封鎖と新円切り替えである。

このため、１９４６年２月17日以降は預貯金が自由に払い戻しできなくなった。

これがいわゆる預金封鎖で、**自分のお金であっても好きな時に必要な額を引き出すことができない**のだ。

封鎖された預貯金からは、新円で世帯主が月３００円、家族１人が各月１００円までしか引き出せなかった。

収入の当てがなく、それまでの預貯金を取り崩して生活している世帯などでは、満足な生活費を引き出せずに混乱を招いた。

## 強制的に預金させたあとに税金を課す

同時に、10円以上の旧円は半月後の３月

（右）新円の印刷が間に合わなかったため、銀行員たちが旧紙幣に証紙を貼って使えるようにした。（左）お札の交換の様子。

2日までしか使えないものとされ、新たに100円、10円、5円、1円の4種類の新円が発行された。

新円と旧円は1対1の比率で交換できたが、**交換できるのは1人100円までで、残りの旧円は強制的に預金させられた。**

そうしてすべての金を預金させたところで、政府は国民の資産を把握し、**財産税**を課す準備を整えたのだ。

新円切り替えの際は、銀行窓口には連日長蛇の列ができ、旧円で買い物をしようと店には人が殺到した。旧円はまもなく紙くず同然となるため、人々は慌てて使わざるを得なかった。

しかし、大混乱を招いた預金封鎖と新円切り替えも、急進するインフレを止めることはできなかったのである。

# ごく短期間だけ流通した幻の通貨・B円

## 本土で流通する

終戦を迎えて連合国の統治が始まるにあたって、短期間ではあったが日本本土で流通した幻の通貨がある。通称「B円」といわれる、**B型軍票**だ。

軍票とは、戦争などの際に占領地域で軍費を調達するために、軍が発行する紙幣のことをいう。戦勝国の占領軍は、敗戦国でこの軍票を発行するのが一般的なのだ。

ちなみに、A円もあったが、一時的に八重山諸島などで使われただけだった。

敗戦後の日本では、１９４５年９月に大蔵省がGHQの要請を受け入れてB円の発行を承認している。

そのため、日本本土でも実際に発行されて法定通貨として流通したのだが、まもなく連合軍はB円を回収した。

## 沖縄ではしばらく使われた

B円がすぐに回収されたのは、当時の大蔵

「B」の字が書かれた紙幣。(©PHGCOM and licensed for reuse under Creative Commons Licence)

省がB円の流通を阻止するために連合軍と極秘に交渉したからだといわれる。

なぜなら、**軍票の発行は占領地の経済に多大な打撃を与える恐れがある**からだ。GHQが日本本土でB円を使用すれば、戦後の日本経済の混乱が拡大する危険があった。

どのような交渉があったかはわからないが、B円は早々に本土から姿を消し、その後1958年まで法定通貨として**沖縄で使われる**ことになる。当時の沖縄は本土から分離させられ、1972年の本土復帰までアメリカの統治下にあったからだ。

沖縄では、配給や物々交換のみの無通貨時代を経てからB円が発行され、一時、新日本円に移行してから、またB円に戻るという目まぐるしい変遷があり、そのたびに庶民の不安と混乱を招いた。

# アメリカ人の手による経済安定化策

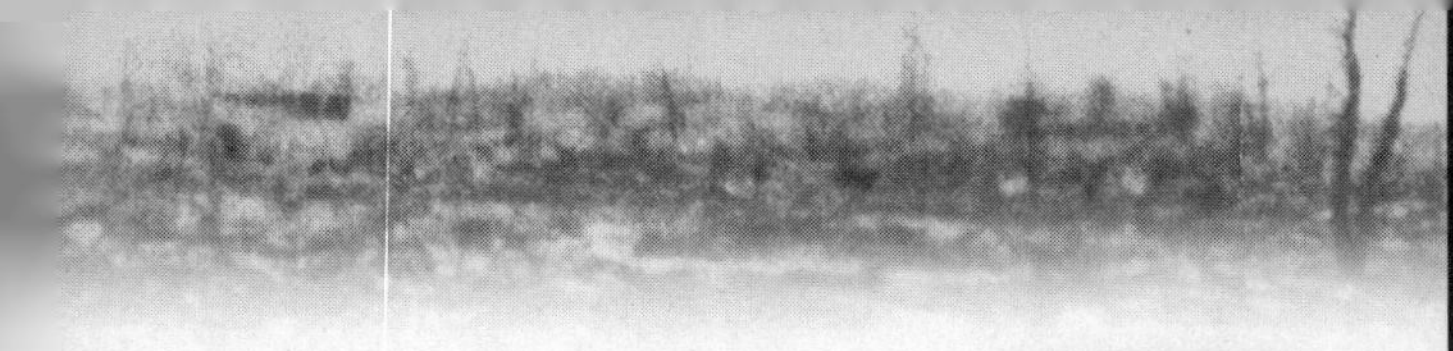

## 不安定な竹馬のような日本経済

戦後の日本を襲ったインフレーションは留まるところを知らず、物価は猛烈な勢いで上昇し続けた。

ひどい時には、同じものが**朝と晩で大きく値段が違った**というから、庶民の生活がいかに混乱していたかがわかるだろう。

この天井知らずのインフレに歯止めをかけ、日本経済を復興させるために１９４９年2月に来日したのが、ＧＨＱの経済顧問公使だった**ジョセフ・ドッジ**である。

ドッジはかつて６０００万ドル程度だったデトロイト銀行の資産額を、10年ほどで5億５０００万ドルにまで成長させた凄腕の銀行家だ。

彼は、当時の日本経済を**竹馬に乗っているようなものだ**とたとえたといわれている。

片足はアメリカの援助、もう片足は政府による補給金に乗っていて地に足がついていない、長すぎる竹馬の足を短くしなければ転んで首を折るだろうと言ったのだ。

その言葉のとおり、ドッジは**「ドッジライン」**といわれる経済安定化政策を主導していった。

来日したドッジを迎える当時の池田勇人蔵相。(1951年10月)(写真提供：毎日新聞社)

## 単一為替レートで貿易がスムーズ化

ドッジは、インフレを終息させるには政府の赤字をなくして、通貨供給量を減らせばいいという考えのもとに、収入が支出を上回るような**「超均衡予算」**を編成した。

たとえば、公共事業を大幅に削減して支出を抑える一方で大増税を実施したり、国営の鉄道の運賃や郵便料金を大幅に値上げしたり収入を増やして、**赤字が出ないようにした**のだ。

また、ドッジは1ドル＝360円という**単一為替レート**を設定した。

それまでは商品ごとにレートが異なったうえに、輸出品は円安、輸入品は円高に設定さ

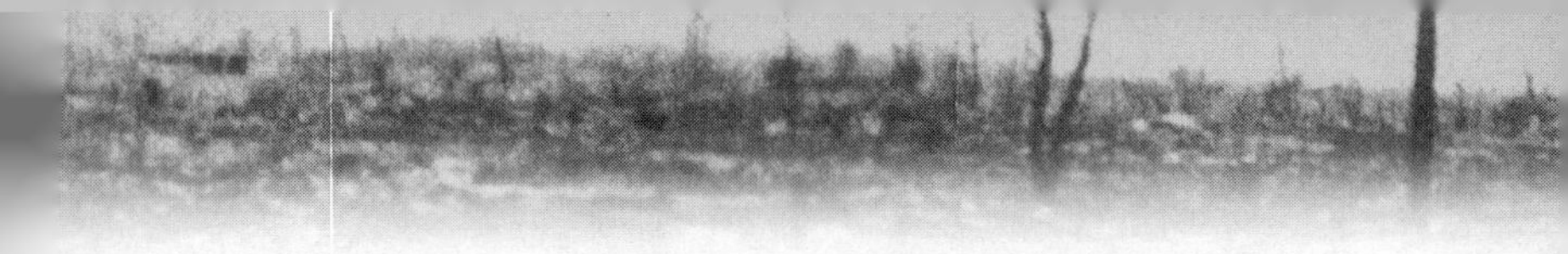

れるなどしていて複雑だったのである。それをどの商品であれ、輸出も輸入も３６０円に統一し、貿易をスムーズに行えるようにした。

なぜ１ドル＝３６０円になったかについては、マッカーサーが**「円は３６０度だから、分かりやすいだろう」**と決めたという話がまことしやかに伝わるが、真偽のほどは定かではない。

これらのドッジの施策はまもなく効を奏す。１９４８年度には１４００億円の巨額の赤字だったのが、翌年度には１５００億円の黒字に変わったのである。

荒療治ともいえるドッジラインによってインフレはようやく終息したが、庶民の生活がこれで楽になったわけではなかった。

むしろ、失業や倒産が相次いで、**「ドッジ不況」**と呼ばれる深刻な不況に見舞われる。

## 戦争が特需を生み出す

急激なインフレ抑制策で今度は物価が下落し、通貨の供給量が減少したことで産業界が深刻な資金不足に陥った。

また、単一為替レートの設定により輸出は振興が図られたが、輸入は以前と比べて大きく**円安**となったことで、原材料価格の高騰を招いた。

この影響で、戦後、なんとか生産を再開して回復しつつあった工場や中小企業が次々と倒産し、生き残りをかけた企業では大規模なリストラが行われるなどして失業者が街にあふれることになったのだ。

こうした不況への思わぬ救いとなったのが、

戦争の勃発によって世界各国が軍需を拡大したことと、戦場が近かったことで、日本は特需にあずかった。写真は大忙しのエンジン工場。（1951年6月）

1950年の**朝鮮戦争の勃発**だ。

韓国と北朝鮮の間で朝鮮半島の主権をめぐって戦争が勃発すると、韓国側に駐留していたアメリカ軍をはじめとする国連軍が介入したのである。

これにより、日本ではアメリカ軍の物資やサービスの調達のための特殊需要が発生し、にわかに好況が生じた。

発注されたものは、**繊維製品と重工業製品**の2つの分野が多かった。これらは利益率も高く、「糸へん景気」「金へん景気」と呼ばれる活況を生んでいる。

また、兵器の製造や修理といった軍事産業関連の需要も多かった。

こうした戦争特需は、休戦までの3年間で約3500億円に達し、敗戦で疲弊していた日本経済は息を吹き返したのである。

# 解体された巨大財閥

## 日本の資本の3分の1を占めていた財閥

戦後、日本の経済を民主化するための措置のひとつとしてGHQが掲げたのが**財閥解体**だ。

財閥とは、同族が独占的に出資している親会社を通じて、その傘下の子会社を支配し、多角的な経営をしている企業集団のことである。

戦前の日本では、この財閥が経済を支配していた。たとえば、終戦時には、三井、三菱、住友の3財閥の資本金の合計だけで、日本全体の資本の2割を超えていたという。

これに安田などを加えた10財閥を合計すると、**日本の資本の3分の1以上が財閥に集中していた**というのだから、どれだけ財閥が力を持っていたかがわかるだろう。

しかし戦後、GHQの支配が始まると、財閥は戦争に積極的に協力した好戦的な存在とみなされて弱体化が進められていく。

具体的には、親会社である本社を解体してトップを牛耳る財閥一族を追放し、株式を分散化して経済力が集中しない措置などがとられたのだ。

押収される三井およびその子会社の証券。

## 解体を受け入れた財閥・抵抗した財閥

終戦後間もない1945年9月に、アメリカ政府から財閥解体の方針が示されると、〝四大財閥〟といわれる三井、三菱、住友、安田をはじめとした財閥にGHQより解体が指示された。

しかし、それに対する反応は財閥によって異なった。住友や安田は比較的早めに解体を受け入れた。

三井は解体に消極的な一方で、解体を歓迎した面もあった。なぜなら三井では、戦前・戦中から三井家と経営者たちとの間で経営方針などをめぐるズレが生じていたからだ。

経営者側は、三井家への対策に多くの精力

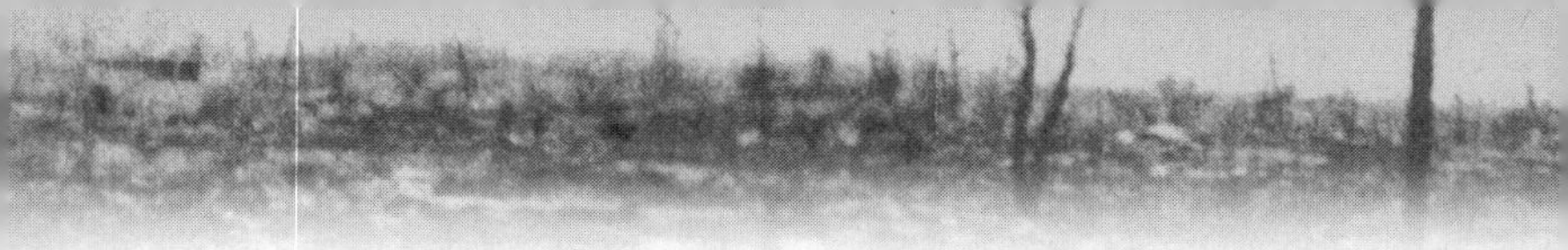

を割かねばならなかったから、財閥解体は三井家と事業を切り離すいい機会だった。

解体を推し進めたＧＨＱのクレーマー経済科学局長は、三井の首脳に対して窓の外の戦災者たちを見せ、**「三井家に一般の難民以上の生活はさせない」**と豪語したという。

それだけ財閥家族と庶民の生活には大きな隔たりがあり、財閥が戦争で不当に巨額な利得を得たとＧＨＱは考えていたのだろう。

## 抵抗した三菱を黙らせたGHQ

一方、三菱の岩崎家はもっとも強固に解体を拒否したといわれる。

どの財閥も「自分たちは軍部に無理やり協力させられただけの戦争被害者だ」という意識が強かったようだ。

だが、ＧＨＱのほうも財閥解体については頑として譲らなかった。

１９４６年8月に「持株会社整理委員会」が設立されると、財閥の解体は実行に移される。四大財閥を含む83社が指定されて、解散や株式の処分が進められたのだ。

戦争への関与を否定していた三菱も、東条英機の自宅が三菱財閥からの贈り物だと指摘されるなどして、解体に従わざるを得なくなった。

三菱の社長として強烈なリーダーシップを発揮して最後までＧＨＱに抵抗していた岩崎小弥太が、こうした騒ぎのなかで病没したことは、まるで三菱財閥の終焉を象徴するかのような出来事だった。

三井の倉庫の中には高価なものが大量に眠っていた。これらの品々がその後どうなったかは定かではない。（1946年12月）

## 続々生まれる新しい企業

財閥が解体される一方で、中小や新興の企業は活気をみせた。

財閥家族の追放などにより経営者が若返ったことで、経済界の勢いが増し、1954年から約20年続く**高度経済成長**の礎ともなっていった。

この戦後まもない時期に**ホンダ**の創業者である本田宗一郎が本田技術研究所を設立し、**ソニー**の前身である東京通信工業が創業されるなどしている。

ホンダは旧軍用無線機の発電用エンジンを利用して、補助エンジン付き自転車の通称「バタバタ」を発売して大人気になった。

## 特権を廃止される

戦後の混乱は庶民だけでなく、皇族をも飲み込んでいった。

終戦の時点では、皇族には国から多額の歳費が支給されており、また山林や株券といった所有財産からの収入も多く、財産上の特権に恵まれていた。

ところが、GHQの占領下では**皇族の財産上の特権は停止されることになり**、**歳費の支給は止められ**、そのうえ多額の**財産税**まで課せられることになったのである。

## 税率90パーセントの財産税

この財産税は、資産が多いほど税率が高くなる。

１５００万円を超える資産を所有する世帯に対する**税率はなんと90パーセント**で、皇族や華族など戦前からの富裕層は莫大な税金を搾り取られることになったのだ。

たとえば、梨本宮家では巨額の納税をする

皇族で唯一、戦争犯罪人として罪に問われた梨本宮が巣鴨拘置所から釈放されたところ。（1946年3月）（写真提供：毎日新聞社）

ために、河口湖畔や熱海伊豆山の別荘を処分したのをはじめ、東京・青山の広大な本邸を切り売りした。

これこそがGHQの狙いであった。この財産税によって、皇族の一家である宮家を**経済的に困窮させ、臣籍降下させることがGHQの思惑だった**のである。

結果として、多大な税金を課せられて逼迫した宮家は次々と土地などの財産を手放していき、11の宮家が皇籍を離脱することになったのだ。

皇籍を離れて一般市民となった皇族の中には、東《ひがし》久《く》邇宮《にのみや》家に嫁がれた昭和天皇の第一皇女の成子《しげこ》内親王もいたが、財産のほとんどがなくなったため、**内職をして生計を立て、配給品をもらうために庶民と一緒に街角に並んだ**といわれている。

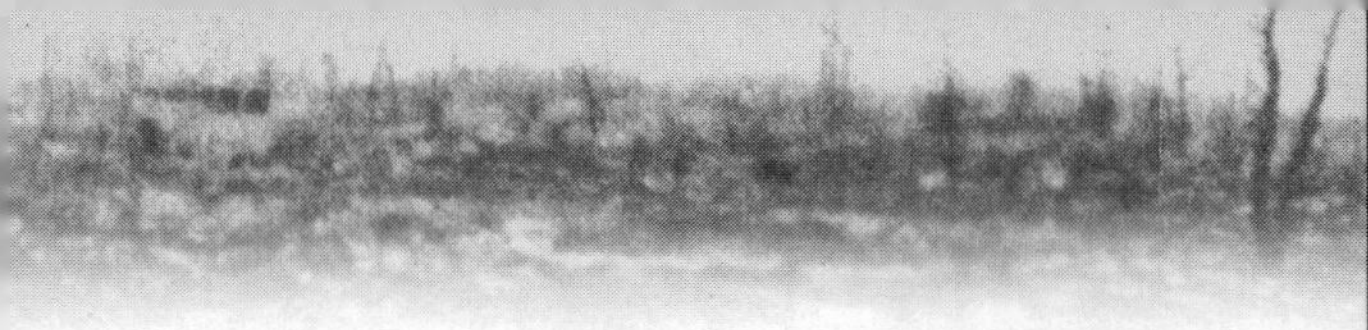

# 子供たちが教科書を黒く塗りつぶす

## 教育の場で始まった軍国主義の一掃

終戦直後の１９４５年９月、初等教育と前期中等教育を行っていた国民学校では、教科書を黒く塗りつぶすという作業が始まった。いわゆる**「墨塗り教科書」**である。

これは文部省がＧＨＱから指令を受ける前に進めた教育改革のひとつで、軍国主義的な箇所を一掃し、平和国家の建設や科学的思考力を育もうとしたものである。

翌10月からは、ＧＨＱから次々と教育改革に関する指令や覚書が発せられ、続いて軍国主義者などを教育界から追放する指令も出された。

また、国家神道の禁止、日本の歴史及び地理、修身（道徳）の授業を停止し、それらの教科書を回収するように指令が下ったのだ。

## 一部の教科書を没収される

この影響により、教科書をめぐって学校現場ではしばらく混乱が続いた。

井上聞多は、山口在に非命の最期をとげたてあらう。まこ

とにありがたく尊いのは、母の力てあつた。

[redacted]

文章のほとんどを黒く塗りつぶされた教科書。
（『昭和史第 13 巻 廃墟と欠乏』（毎日新聞社）より引用）

児童は、教師からすべての教科書と習字の道具を持ってくるように指示され、歴史と地理、修身の**教科書を没収された**。

そのほかの教科書は、天皇を崇める内容や軍国主義的とみなされた部分をすべて墨で塗りつぶさなくてはならず、児童は該当する箇所を教師の指図に従って**自分たちで塗りつぶしていった**のである。

具体的には、軍艦や軍用機といった戦争を連想させるような言葉などが削除された。

とりわけ国語の教科書は墨塗りする部分が多く、1ページ丸ごとや、ひとつの話をすべて真っ黒に塗ることもあったという。

こうして戦中の教育が否定され、なかには泣きながら墨を塗る児童もいたが、まだ敗戦の意味を理解していない児童の多くがせっせと墨塗り作業を行ったのである。

# 戦後初の公開捜査になった令嬢誘拐事件

## 誘拐されたのは住友財閥の令嬢

戦後の混乱が続く1946年9月、当時12歳だった白百合高等女学校附属初等科6年生の少女が何者かに誘拐され、戦後初の大公開捜査となった。

そこまで大がかりな捜査に発展したのは、**誘拐された少女が、住友財閥の令嬢だった**からだ。

住友家は、日本の四大財閥のひとつに名を連ねる富豪である。その当主の長女が誘拐されたのだから、警察は躍起になって犯人の行方を追った。

捜査が進むと、犯人は帰宅途中の令嬢を計画的に狙ったこともわかってきた。ところが、誘拐から6日後、事態は急変する。犯人からの身代金の要求といった脅迫状なども届かないうちに、令嬢は犯人と一緒にいるところを無事に保護されたのだ。

さらに世の中の人々を驚かせたのは、誘拐された令嬢のコメントだった。令嬢は犯人を**「優しいお兄さんだった」**と言い、初めて映画を観たり、化粧箱を買ってもらい、楽しかったと話したのである。

令嬢誘拐事件の犯人・樋口芳男（左）。（写真提供：毎日新聞社）

## 過去にも誘拐を繰り返していた犯人

犯人は、当時22歳の樋口芳男という男だった。じつは、樋口は戦時中も男爵家の令嬢を3日間連れまわして逮捕されているが、敗戦のどさくさに紛れて**刑務所から脱走している。**

その後、日本帝国工業専務の令嬢を誘拐し、こちらは半年間も一緒に暮らして身代金を要求。**まんまと身代金を奪って逃走していた。**

どの令嬢も無事に帰宅し、樋口のことを優しかったと話している。樋口の当初の目的は身代金だったようだが、令嬢たちといるうちに、一緒に過ごすだけで満足したようだ。

なお、住友家令嬢誘拐事件で逮捕された樋口には、その後**懲役10年が言い渡された。**

# 東大生社長が起こした詐欺事件

## 現役東大生が経営していたヤミ金

1949年11月、1人の男子大学生が青酸カリを服毒して自殺した。

彼の名前は山崎晃嗣《あきつぐ》。当時27歳で、東京大学法学部の3年生だった。

この山崎の死は、当時の人々の高い関心を集めた。というのも、彼は東大に在籍するかたわら「光クラブ」という**高利貸しのヤミ金融業を経営する学生社長**として注目を浴びる存在だったからである。

## 軍隊時代の暗い過去

山崎は千葉県木更津市で、5人兄弟の末弟として生まれた。

父は医師で木更津市長まで務めた人物である。父の期待のもと、山崎は第一高等学校（一高）から東大へと進学する。

一高は卒業生のほとんどが東大へと進む東大の予備門で、一高から東大への進学は**当時のエリートコース**だった。

東大での成績も20科目中で優が17科目、良

光クラブの社長室。中央の写真の人物が山崎晃嗣。

が3科目という秀才ぶりだったというが、そんな山崎の人生に暗い影を落としたのが、軍隊での経験である。

山崎は学徒出陣によって陸軍主計少尉として終戦を迎えているが、この時、上官らの命令で軍の物資の横流しに手を染める。

ところが、この横流しが検挙された時、その責任は山崎ただ1人に押しつけられた。その結果、**山崎だけが逮捕され**、懲役1年半、執行猶予3年の判決が下される。

また、戦時中には**一高時代からの友人が軍隊内部での私的制裁で死亡**し、山崎はその**隠蔽工作を手伝わされた**こともあったという。

こうした理不尽で不条理な軍隊での体験が、その後の山崎の金への執着や行動に少なからず影響を及ぼしたのかもしれない。いずれにしろ東大に復学した山崎は、1948年10月、

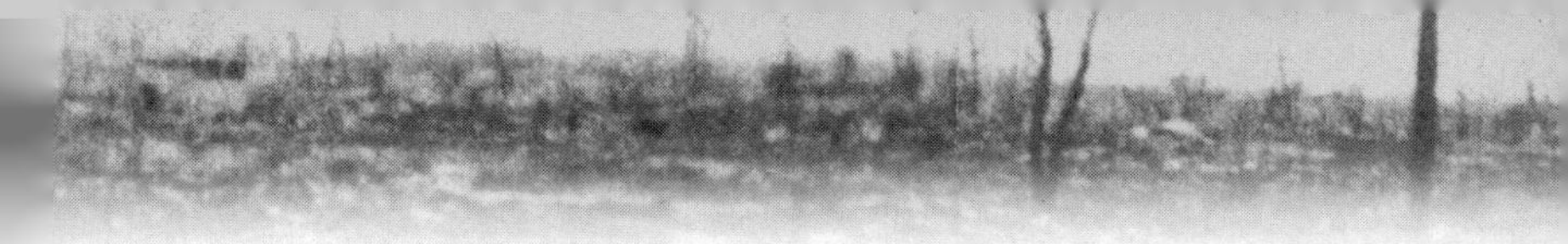

彼の愛人や学生の友人たちと光クラブを設立して社長となったのだ。

## 社長室で自殺する

光クラブは、派手な広告で月1割以上の利子を約束して出資者から多額の資金を集め、その金を2割から3割という高利で中小企業や商店に貸し付けた。

東大生社長ということも話題になり、光クラブはあっという間に数千万円の金を動かすほどの会社になり、山崎は一躍時代の寵児として脚光を浴びるようになる。

そして、無類の女好きだった山崎は、この頃何人もの女性と関係を持つなど、**派手で好色な日々を送っていく**。

しかし、それも長くは続かなかった。ヤミ金融容疑で捜査を受けて山崎が逮捕されると、光クラブの信用が一気に失墜したからだ。

捜査を受ける発端になったのも、山崎と関係を持っていた美人秘書がじつは京橋税務署の職員の恋人で、そのせいで光クラブの内情を通報されたという三文芝居じみた内幕があった。

逮捕時も、山崎は**「人生は劇場だ。ぼくは自分で脚本を書き、演出し、主役を演ずる」**と自己顕示的で、人を食った発言をしている。

山崎は処分保留で釈放にはなったが、光クラブは完全に資金繰りに行き詰まってしまう。

債務の額は3000万円にのぼり、債務支払期限の前夜、山崎は銀座にある光クラブの社長室で自殺したのである。

（左）街角に貼られた光クラブの看板。
（右）逮捕のときに「オー・ミステイク」と叫んだという、　日大ギャング事件の犯人。

## 無軌道な若者たちの事件

山崎の無責任で虚飾に満ちた生活ぶりは、アプレゲール青年の典型といわれた。

アプレゲールとは、戦後派を意味する言葉である。戦後の混乱期には、従来の価値観や道徳観を欠いた無軌道な若者たちの犯罪が頻発し、彼らが起こした事件は「アプレゲール犯罪」と呼ばれた。

光クラブ事件の翌年には日大職員の給料を運ぶ現金輸送車が襲われる**日大ギャング事件**が起きている。犯人として逮捕された19歳の青年はアメリカかぶれで、逮捕された際には奪った金で酒宴に興じていて、警察を見て「オー・ミステイク」と叫んだという。

# 12人が毒殺された帝銀事件

## 予防薬と称して毒を飲ませる

戦後の混乱期にはいくつもの凶悪事件が頻発したが、なかでも残忍かつ謎が多いといわれるのが「帝銀事件」である。

事件は１９４８年1月26日、東京都豊島区にある帝国銀行椎名町支店に、都の衛生課職員を名乗る男が現れたことから始まる。

男は腕に東京都のマークのある「消毒班」の腕章をつけていて、近所で集団赤痢が発生したので大急ぎで予防薬を飲んでほしいと行員に説明した。当時の東京は衛生環境が劣悪で、赤痢などの疫病が流行し、都やＧＨＱも対策に本腰を入れている時期だった。

時刻は午後3時過ぎで、すでに閉店していた店内には行員と住み込みの用務員一家の計16人がいたが、彼らは男の言うままに予防薬と称する液体を飲み干してしまう。

だが、これは予防薬などではなく、**じつは青酸化合物だった**。たちまち吐き気に襲われた行員らは全員が次々と倒れ、**12人が死亡する**という大惨事になったのだ。

一方、犯人の男は現金約16万円と、小切手約１万７０００円を強奪し、まんまと行方を

帝国銀行椎名町支店前に遺体収容の棺が到着したところ。（写真提供：毎日新聞社）

くらましてしまったのである。

## 逮捕された人物のあやしい点

捜査が始まると、**犯人が事前にリハーサルを重ねていた**ことがわかってきた。

前年の10月には、品川区の安田銀行荏原《えばら》支店で「厚生省技官 松井蔚《しげる》」という名刺を持った男が、集団赤痢が発生したと言って行員らに予防薬を飲ませているが、この時には被害は出ていない。

また、帝銀事件の1週間前には新宿区の三菱銀行中井支店で「厚生省技官 山口二郎」という名刺の男が同じく薬を飲ませようとしたが、ここでは飲むのを拒んだ人がいたため、

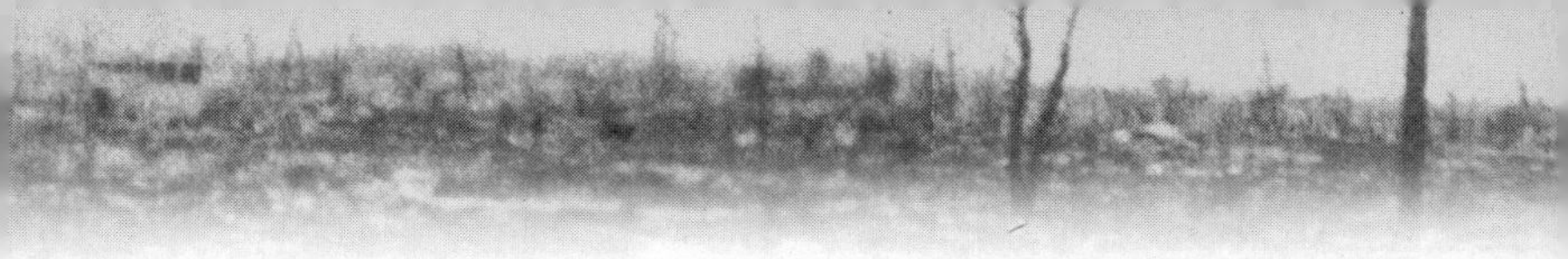

男は薬を飲ませるのを止めている。

そして、この事前の類似事件で使われた名刺から、8月になって思わぬ人物が容疑者として逮捕された。**平沢貞通**という、著名な画家である。

平沢の名前が浮上したのは、安田銀行荏原支店で使われた名刺にあった松井蔚なる人物が実在し、平沢と事件の前年に名刺交換していたからだ。

しかも、平沢は松井の名刺を入れた財布をスリに盗られたといって、捜査員が尋ねた時には松井の名刺を持っていなかった。

また、平沢は事件後に妻子に8万円を渡し、**北海道へ行って別居生活をしている**。当時は公務員の平均月給が手取りで約５０００円という時代で、8万円は大金だった。

この頃、平沢は金銭的にかなり困窮していて、なぜそんな大金を持っていたのか出所がはっきりしなかったのである。

さらに、平沢が**別の銀行で詐欺事件を起こしていた**ことも、平沢の帝銀事件への関与を疑う決め手のひとつになった。

逮捕後、容疑を否認し続けていた平沢は、9月末になってとうとう犯行を認めた。

## 本当の犯人は７３１部隊の関係者？

取り調べで一度は自白した平沢だったが、裁判になると頑として犯行を否認した。

そして、のちに死刑判決が確定しても、平沢は再審請求を続けた。結局、死刑は執行されないまま、１９８７年に95歳で**病死するま**

逮捕され護送される平沢（左）。（1948年8月）

**で平沢は無実を訴え続けた**のである。

じつは、捜査当局は当初、犯人は医薬品の取り扱いの経験がある軍関係者ではないかと睨んでいた。犯人が薬を飲ませるのに使った器具が軍用のものに似ていたし、犯人が毒薬の効果をかなり熟知していたためだ。

そこで関与が疑われたのが、旧陸軍の関東軍**第731部隊の関係者**だった。関東軍は戦時中、満州に駐屯していた軍で、731部隊は青酸化合物を使った人体実験を行っていたからである。

だが、731部隊への捜査はGHQからの圧力で待ったがかかったといわれる。731部隊が研究していた生物兵器などのデータは、米軍にとっても貴重だったからだ。

はたして平沢は犯人だったのか、冤罪だったのか……。今なお多くの謎を残している。

# 鉄道にまつわる3つの怪事件

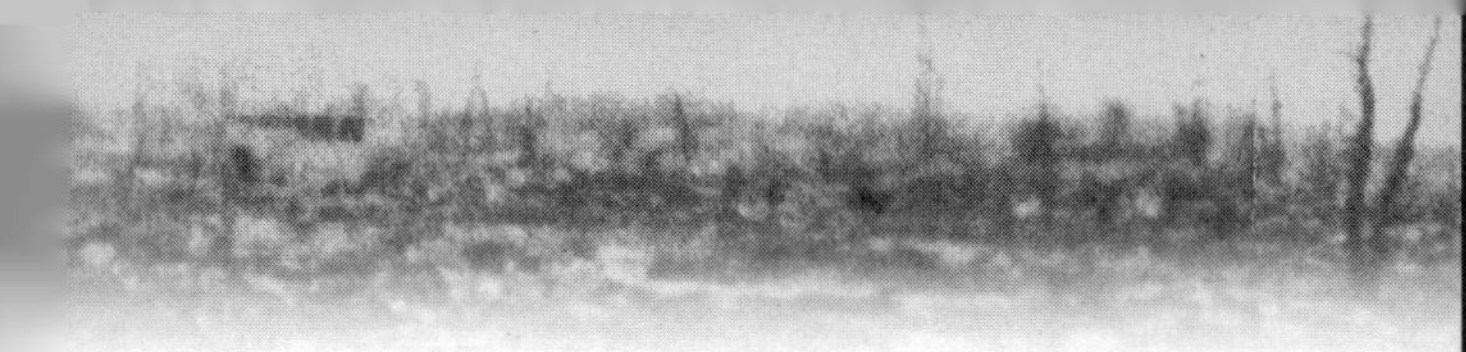

## 総裁がバラバラ死体になって発見される

現在のJRはかつて国によって運営され、「国鉄」と呼ばれていた。その**国鉄総裁の下山定則が轢死体《れきしたい》として発見された**のは、1949年7月6日のことだ。

5日の登庁前、総裁専用の車で日本橋の三越デパートに向かった下山は、運転手を車に残してデパートの中に入り、そのまま行方不明になった。

そして6日午前0時半頃、国鉄常磐線の北千住と綾瀬の間で無残に轢断《れきだん》されたバラバラ死体となって見つかったのだ。

しかも、この下山の死は、**自殺なのか他殺なのかが判然としなかった。**

自分から電車に轢《ひ》かれたのであれば、周囲には大量の血が流れる。反対に、別の場所で殺した死体を自殺に見せかけるために轢かせたのであれば、すでに心臓が停止しているから血の量は少なくなる。

しかし、轢死体が発見された時刻には、折しも激しい雨が降っていたため、判断材料となる流血は雨に洗い流されてしまい、**捜査は困難を極めた。**

下山事件の現場検証の様子。手前には下山総裁の棺がある。

また、周囲の人間による証言や物証も、真実を突き止めるには至らなかった。

下山の妻の証言によれば、当時、下山は精神的に衰弱していて、かなりの量の睡眠薬を飲んでいたという。死体発見現場近くでは、5日の午後に下山らしい人を目撃したという人が何人もいて、下山が自殺場所を探していたことが推測できた。

一方で、下山の服には大量のぬか油が付着していたといわれ、その不自然さから他殺説の根拠となり、捜査が混乱したのだ。

## GHQに行くはずの日に起きた事故

下山事件の捜査が難航した理由のひとつに

は、政治が絡んでいたこともあった。

当時の政権は、**大量の公務員の人員整理**をする方針を打ち出していた。なかでも国鉄は、職員10万人の大量首切りを迫られていたのだ。

下山が消息を絶つ前日に国鉄は３万７００人の第１次解雇者リストを発表したが、これに抗議した労働組合側がストライキ闘争に持ち込もうとしている矢先の事件だった。

行方不明になった当日には、残りの人員整理について報告するため、**下山はＧＨＱに行く予定だった**のである。

## 鉄道の大事件が連続して起きる

しかも、追い討ちをかけるように、事件からわずか10日後の7月15日の夜、また国鉄関連の大事件が起こる。

中央線三鷹車庫から突然、無人電車が動き出して、三鷹駅の下り１番線に突っ込み、**脱線転覆事故**を起こしたのである。この事故で駅や駅前にいた人たち６人が死亡し、多数の負傷者を出した。

12日に６万３０００人の第２次解雇者リストが発表され、国鉄と労働組合側の対立が一層深刻化していた時のことだった。

さらに、この「三鷹事件」から１ヵ月が過ぎた8月17日には「松川事件」が起きる。東北本線の旅客列車が松川から金谷川の間で突然、**脱線転覆**したのである。この事故では機関士と機関助士ら３人が死亡した。事故の原因は、レールの犬釘が抜かれていたことで、相次ぐ不穏な事故に世間は騒然となった。

三鷹事件では、無人の列車が三鷹駅前の建物に突っ込んだ。

## どれひとつとして解決していない

この国鉄三大事件は、**結局どれも解決にいたらなかった**。下山事件は、いまだに自殺か他殺かも謎だ。

三鷹事件では、国鉄労働組合員の共産党員９人と、非共産党員で三鷹電車区の検査係だった竹内景助が逮捕・起訴されたが、のちに竹内の単独犯行だとして竹内が無期懲役、残る９人は無罪とされている。しかし、竹内は１９６７年に東京拘置所で病死するまで無罪を主張し続けていた。

また、松川事件も国鉄と東芝の労働組合員の共同謀議だとして20人が逮捕・起訴されたが、のちに全員の無罪が確定した。

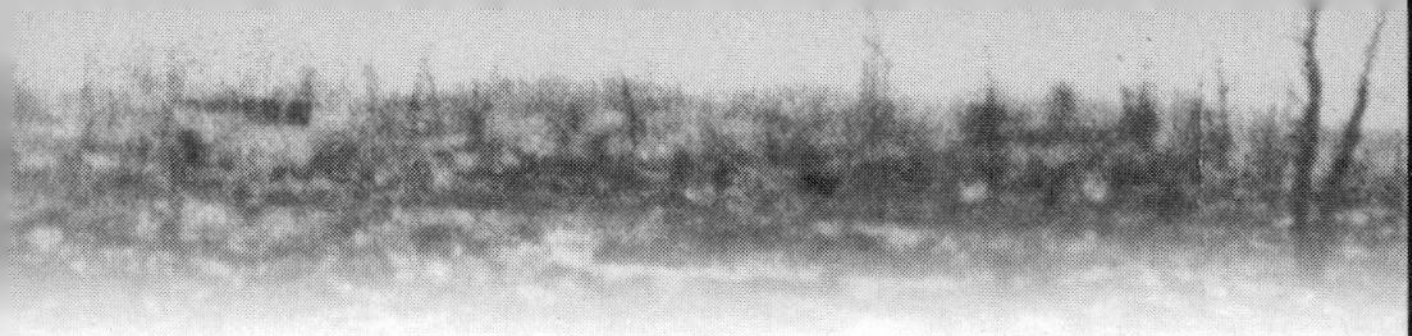

# 進駐軍の戦車を出動させた東宝争議

## デモやストライキが各地で起こる

戦後、ＧＨＱは「日本の労働者を搾取と酷使から防衛し、生活水準を向上させるために労働組合を促進する」として、労働運動に寛大だった。

そのため終戦直後にはゼロだった**労働組合が急増**し、全国の労働組合員数は3年間で約670万人にまで膨れあがる。

そして、それらが組織化されていくと、労働争議やデモ、ストライキがあらゆる産業に広がり、各地で頻発するようになった。

映画や演劇の分野も例外ではなかった。なかでも「東宝争議」は、**進駐軍の装甲車や飛行機が出動するという異例の大闘争にまで発展した**のである。

## 運動に反対するスターもいた

東宝争議とは、大手映画制作会社の東宝で1946年から1950年に起こった数度にわたる労働争議である。

撮影所に出動した進駐軍。バリケードの上に掲げられた看板には「御存知でせうね！ 日本労働組合十六原則」などと書いてある。

東宝では、1945年12月に東宝従業員組合が結成されると、3月末から第1次東宝争議が、10月から第2次東宝争議が起こった。

その結果として、労働基本権の承認や組合の経営参加などの要求が通り、**組合の意見を作品の企画に反映させることができるようになる。**

これには、多くの監督や俳優の苦い反省が関係している。戦時中、国民の戦意を高揚させるための映画をつくるという経営陣の決定に加担してしまったことを、彼らは悔いていたのである。

しかし、なかには労働運動が活発化していくことに反対を表明する人も多かった。第2次東宝争議では大河内《おおこうち》伝次郎や長谷川一夫、原節子、高峰秀子、山田五十鈴《いすず》といった大スターたちがストライキに反対して組合を脱退

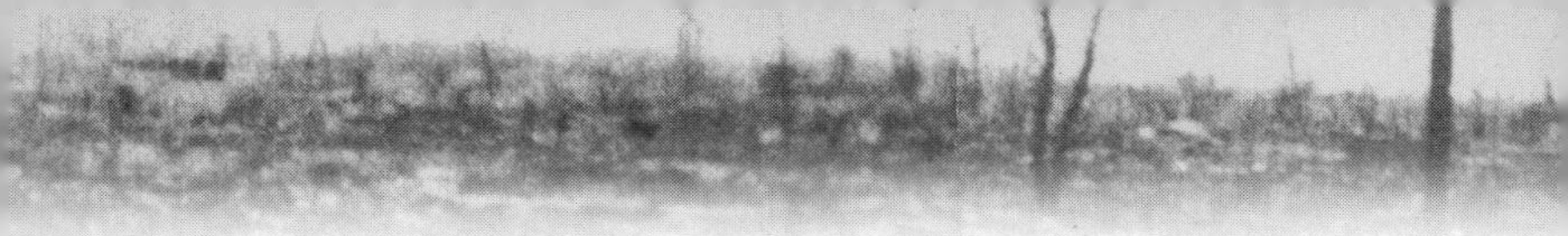

している。

というのも、スターであっても街頭でプラカードを持って労働運動に参加することなどもあったからだ。

一般市民は「映画に出ていたあの俳優だ！」と興味本位で集まったため人だかりができたというが、スターの中にはそのような運動が肌に合わない人も多かったのだろう。

## 撮影所にアメリカ兵や武装警察が来る

だが、その後も第3次東宝争議が続いたため、東宝は経営不振に陥る。

組合による経営権の拡大に危機感を覚えていた会社側は、組合に対して全社で約1400人もの人員整理を図る。

この人員整理には経営の赤字と、共産党員を排除しようとするレッドパージ（赤狩り）の、**2つの赤を追放する**意味合いがあった。

1948年6月に、会社側が東宝砧《きぬた》撮影所の閉鎖を宣言すると、解雇を断固拒否した映画監督や俳優、演出家、裏方ら労働組合員が8月に同撮影所を占拠し、**バリケードを張って籠城する**という騒動に発展する。

会社側は明け渡しを要求したが、組合側がそう簡単に受け入れるはずもない。そんな状況のなか、8月19日の早朝、砧撮影所の最寄り駅である小田急線の成城学園前駅の乗降が禁止され、同撮影所に通じる8ヵ所の道路が封鎖された。

まもなく騎兵銃を持った占領軍のミリタリーポリスや、一個分隊のアメリカ兵が撮影

東宝の人員整理に抗議するため、三船敏郎や久我美子などのスターが街頭カンパに立った。

所に現れ、**装甲車と戦車が轟音とともに何台も到着した。**

**空には偵察機が何機も飛びまわり、警視庁からも約２０００人の武装警官が大挙して押し寄せた。**

付近の住民はこの大騒動に何が始まったのかと仰天したという。

これまで労働運動に寛容だったＧＨＱが、これ以上は共産党の勢力を拡大させないという意思表示でもあったのだ。この事態に、労働組合側もとうとう撮影所から退去せざるを得なくなった。

**「来なかったのは軍艦だけ」**と言われるほどの大闘争となったこの第３次東宝争議は、組合側が主要幹部20人の退社や、組合の経営事項への発言の禁止などを受け入れることになり、組合側の敗北で幕を閉じた。

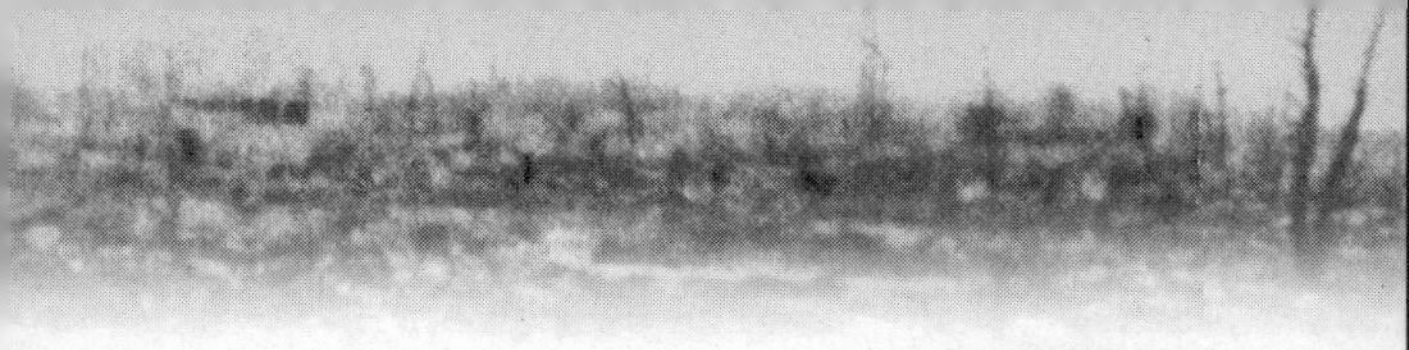

# GHQが絡んだ戦後初の大型ワイロ事件

## メーカーによるお金のバラマキ

国民が貧困や飢えに苦しんでいる時に、終戦後の政界では欲にまみれた汚職事件が相次いで起こっている。

その最初の大型収賄事件が、**「昭和電工事件」**である。

事件が発覚したのは、終戦からわずか3年後の1948年の春だった。大手化学工業メーカーの昭和電工が、国の復興金融金庫から多額の融資を受けようとして**政治家や官僚、金融筋などに金をばらまいていた**のだ。

復興金融金庫は、政府が日本経済を再建するために石炭や鉄などの基幹産業に融資する目的で設立されたものだ。

昭和電工はこの復興金融金庫からすでに26億円もの巨額の融資を受けていた。当時は国家公務員の初任給が2300円という時代だから、庶民からしてみれば想像もつかないような金額である。

しかし、さらに多額の融資を受けるために、国内の政官界のキーパーソンや、さらにはGHQの担当将校、内情に通じる日米の新聞記者にまで膨大なワイロを配ったのである。

検察庁へと連れていかれる栗栖赳夫。

その額は、明らかになっただけでも1億円近かったとされる。

## 政界の大物が次々と逮捕される

贈収賄が発覚し、昭和電工社長の日野原節三が6月に逮捕されると、事件はすぐに**政官界に波及した**。

農林省の前次官だった重政誠之《しげまさせいし》や、安田銀行常務の丸山二郎、大蔵省主計局長で復興金融委員会の幹事でもあった福田赳夫《たけお》が逮捕され、続いて経済安定本部長官の栗栖《くるす》赳夫、さらには前副総理の西尾末広といった大物が次々と逮捕されていった。

西尾は逮捕前に副総理を辞任していたもの

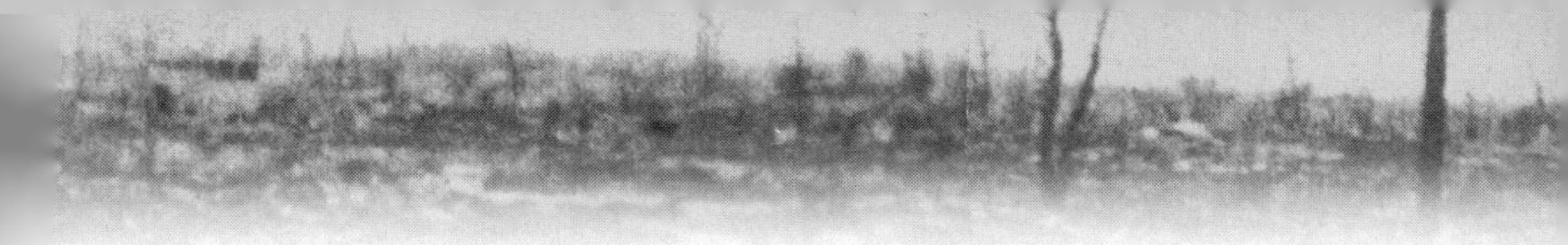

の、当時の**芦田均内閣の中心にいた人物**だった。

　こうした現職官僚らの汚職を受けて、芦田内閣は追い込まれ、組閣後たった7ヵ月で総辞職することになる。

　しかも、その後に芦田前首相自身も昭和電工に絡む贈収賄容疑で逮捕された。

新聞などのマスコミでも連日のように、ほかには誰が昭和電工事件に絡んでいるのかという報道が過熱した。

　収賄が発覚していつ逮捕されるのかと肝を冷やしている政治家や官僚は**「昭電鳥肌組」**と呼ばれ、世間の人々はこの事件の成り行きに注目した。

　この結果、**事情聴取された人は約2000人**にものぼり、政官界で64人が逮捕され、44人が起訴されるという大型贈収賄事件に発展したのである。

## GHQ内部の争いも関係していた

　じつは、この昭和電工事件が発覚した背後には、GHQの暗躍があったといわれる。

　当時、**GHQ内部は左右両派で対立していた**。日本の民主化を進める民政局と、日本の左傾を警戒するタカ派の参謀第2部で内部分裂していたのだ。しかも民政局の上層部は芦田内閣に賛意を示していたが、参謀第2部はこれに反対していたという。

　参謀第2部長のウィロビー少将らは、民政局の上層部を倒そうと画策し、日野原と民政局のケーディス大佐らの**癒着の事実**を暴露し

日野原の愛人・秀駒。元芸者であった彼女は事件に関わっていたことで有名になり、のちに映画の題材にまでなった。

たのである。

実際、昭和電工は融資の鍵を握るケーディス大佐らを接待し、かなりの金品を渡していたとされ、民政局の上層部は失脚させられることになる。

こうした**GHQ内部の権力争い**と**芦田内閣の倒閣運動**がからんだことで、昭和電工事件は戦後初の大規模な贈収賄事件となったのだ。

ところが、その後の裁判で執行猶予つきの有罪が下されたのは日野原と栗栖だけだった。芦田元首相をはじめとした政治家らのほとんどは「金銭の授受はあったがワイロにはあたらない」として無罪になった。

無罪となってのちに政界入りした福田は首相にまでなっている。

そして、この後も政界では、政治とカネをめぐる事件が続いていくのである。

10
9
8

# 5章
# 立ち上がる人々

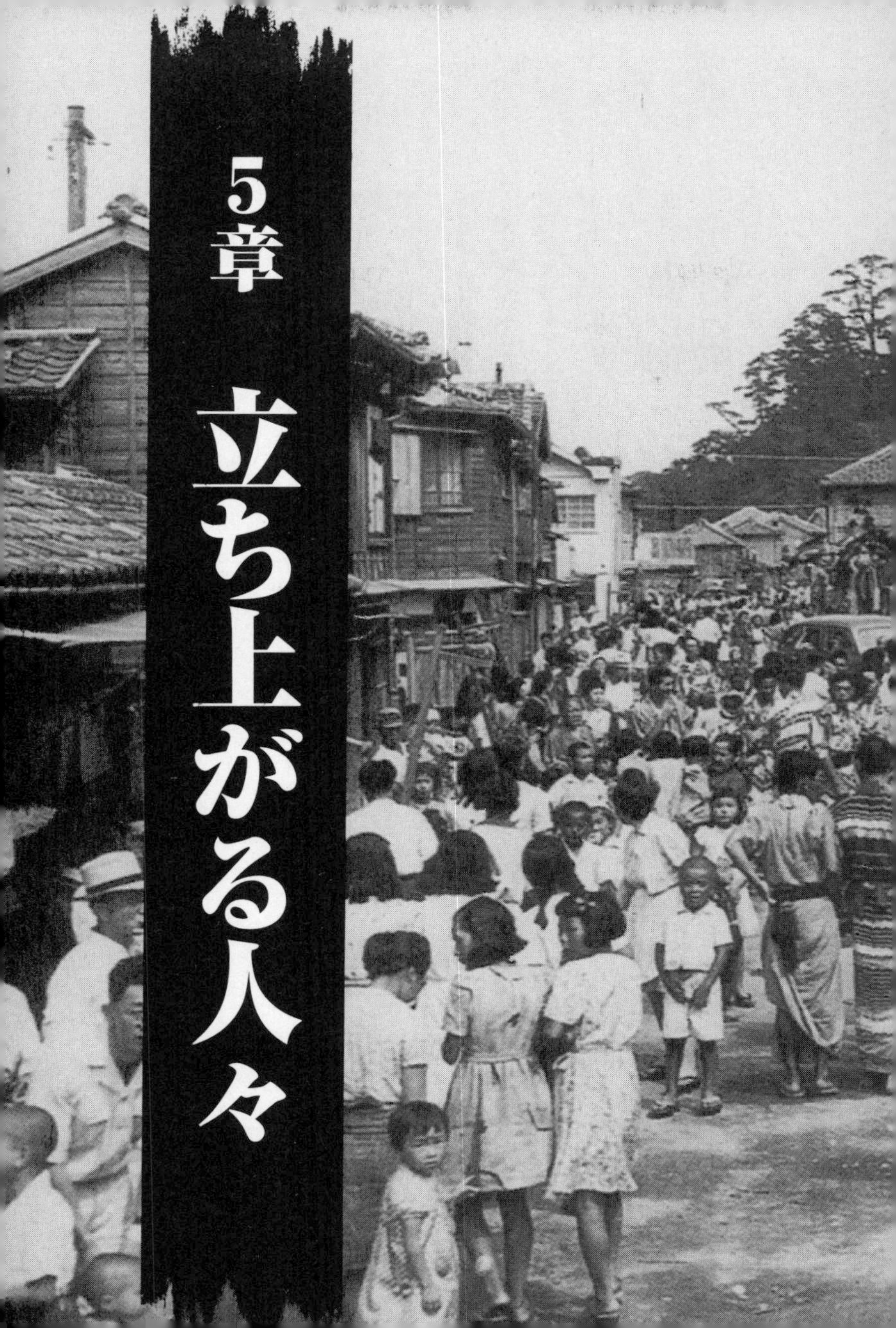

# 全国で開催された青空集団お見合い

## 川のほとりに集まった３８６人

終戦後、人々は経済的に困窮し、結婚相手を探す余裕もない状況だった。

**戦争で夫を亡くした未亡人**や、**青春時代を戦時下で過ごした若い女性たち**、無事戦地から帰ってきたにもかかわらず**婚期を逃してしまった男たち**が巷《ちまた》に溢れかえっていた。

この状況をなんとかしようと始まったのが集団お見合い会である。

この会が初めて開かれたのは、１９４７年11月6日だ。結婚紹介雑誌『希望』の発行元である希望社が、適齢期の男女を対象にした集団お見合い会を開催したのである。

会場となった東京の多摩川河畔には３８６人の男女が集まった。年齢は20歳から50歳までで、男性の人数は女性の2倍だったという。

## お見合いブーム後に訪れたベビーブーム

精一杯のおしゃれをした参加者たちは最大3人までの相手と身上書の交換をすることが

1948年4月、多摩川の河原に集まった男女。この時の参加者は約3400人にまで増えた。

できた。

この会によって多くのカップルが誕生したことで、集団お見合い会は**全国各地で開催されるようになった**。

翌年の5月には、鎌倉の鶴岡八幡宮でも開かれたという。

また、8月に函館の五稜郭公園で開かれたのは、外地引揚者連盟が主催し、函館市やＮＨＫなども後援した北海道初の集団お見合い会である。

結婚までこぎつけたカップルには、函館市長が仲人を務めて、住宅もあっせんするという大盤振る舞いだった。

お見合い会の流行後、１９４９年をピークとした**第1次ベビーブーム**が到来したことが、お見合い会の成果を如実に物語っているといえるだろう。

# 青空の下で学ぶ子供たち

## 焼け残ったイスや机を使う

空き地にイスを並べ、そこに座って本を開き、先生の声に耳を傾ける子供たち。これは戦後に野外で行われた**「青空教室」**の様子である。

日本の大都市部は、アメリカ軍のＢ29による空襲で一面焼け野原になり、多くの学校の校舎も消失した。

そこで、授業を継続するための苦肉の策として、このような野外での授業が都市部で開かれたのだ。終戦からわずか1ヵ月後のことだった。

学校再開のためには、まずは至るところに散らばった瓦礫を片付けなければならなかった。そうして平らなスペースを確保したら、**がれきの中から焼け残ったイスや机を探し出して並べたり、むしろを広げたりして子供たちを集めた**のだ。

雨が降ると学校は休みになったが、青空教室に集まった子供たちの顔は明るかった。空襲で何もかも失ってしまってはいたが、そこには戦火から逃げ惑う日々から解放された喜びがあった。

広島での青空教室の様子。

## 子供の居場所としての学校をつくる

青空教室は全国各地で開かれたが、それは原爆が投下されて壊滅的な被害を受けた広島も例外ではなかった。

広島で１９４６年４月に撮影された青空教室の写真（上）には、瓦礫の壁に囲まれて、机を並べて授業を受ける様子が写されている。

青空教室の目的は、単に授業を再開することだけではなかった。戦争によって両親を失った子供の数は全国で12万人以上にのぼっており、その**子供たちの居場所をつくるためにも学校が必要だった**のだ。

小学校の校舎が復旧するまでの数年間、全国でこのような学校生活が見られた。

# 終戦2ヵ月後に発売された宝くじ

## 1等賞金は10万円・副賞は綿布

「一等十萬円が……百本當る！」というキャッチフレーズで、１９４５年10月、戦後初の宝くじが発売された。

大卒の銀行員の初任給が80円程度、白米1升（約1・8リットル）のヤミ価格が70円だった当時、宝くじの値段は1枚10円で**1等賞金は10万円**、副賞はキャラコ（綿布）2反（約70センチメートル程度）、空くじ4枚でタバコ10本と交換できるというものだった。

漢字で「寶籤《たからくじ》」と書かれていることから「漢字くじ」とも呼ばれた宝くじは、ニセモノが出回るほどの人気だった。

この年の宝くじの年間販売実績は3億円で、宝くじを販売する店には進駐軍向けの英語の広告まで掲げられており、人気の高さがうかがえる。

また、副賞のキャラコというのが、**物資不足だった世相**を反映させている。

物資はまだ庶民には十分に行き渡っておらず、衣服は古い毛布やカーテン、着物や絹の傘などをほどいて作っている人が多かったのである。

宝くじの売り出し初日の様子。

## 賞金100万円の宝くじが登場

1946年の法改正によって政府以外もくじを販売できるようになり、野球くじ、三角くじなど、さまざまなくじが発売される**くじブームが起きた**。12月には復興宝くじを福井県が発売し、地方くじ第1号となった。

その後は徐々に賞金が値上がりしていき、副賞も豪華になっていく。1947年の日本勧業銀行発売の宝くじの1等賞金は100万円で、**「100万円くじの誕生」**としてこの年の10大ニュースにも取り上げられた。

1948年には東京都の復興宝くじの**副賞に住宅1軒**というものが登場し、住宅不足にあえぐ都民がこぞって買い求めたという。

## 嗜好品が増えてくる

終戦直後は食糧が不足していたが、状況は少しずつ改善していく。空腹を満たすので精一杯という状態から、食を楽しむ生活を取り戻していくのである。

進駐軍が日本人のために放出した**余剰食糧**も、当時は欠かせない存在だった。

進駐軍が放出した小麦粉で焼いた**コッペパン**が全国の児童に配布されたり、特別配給という形で、通常の配給では支給されなかったリンゴや肉の缶詰、クラッカー、チョコレートなどが配られることもあった。

放出品の中にあった**チューインガム**の影響でガムが流行したり、やはり放出品のココアを原料にしたココアキャラメルが販売されるなど、少しずつではあるが嗜好品を楽しむ余裕も出てきたのである。

また、卵の黄身を乾燥させて粉にした乾燥卵もたびたび配給されたもののひとつだ。お世辞にも美味しいとはいえない代物だったというが、栄養価は高かったため、戦後の食糧難の中では貴重な食糧だったことは間違いない。

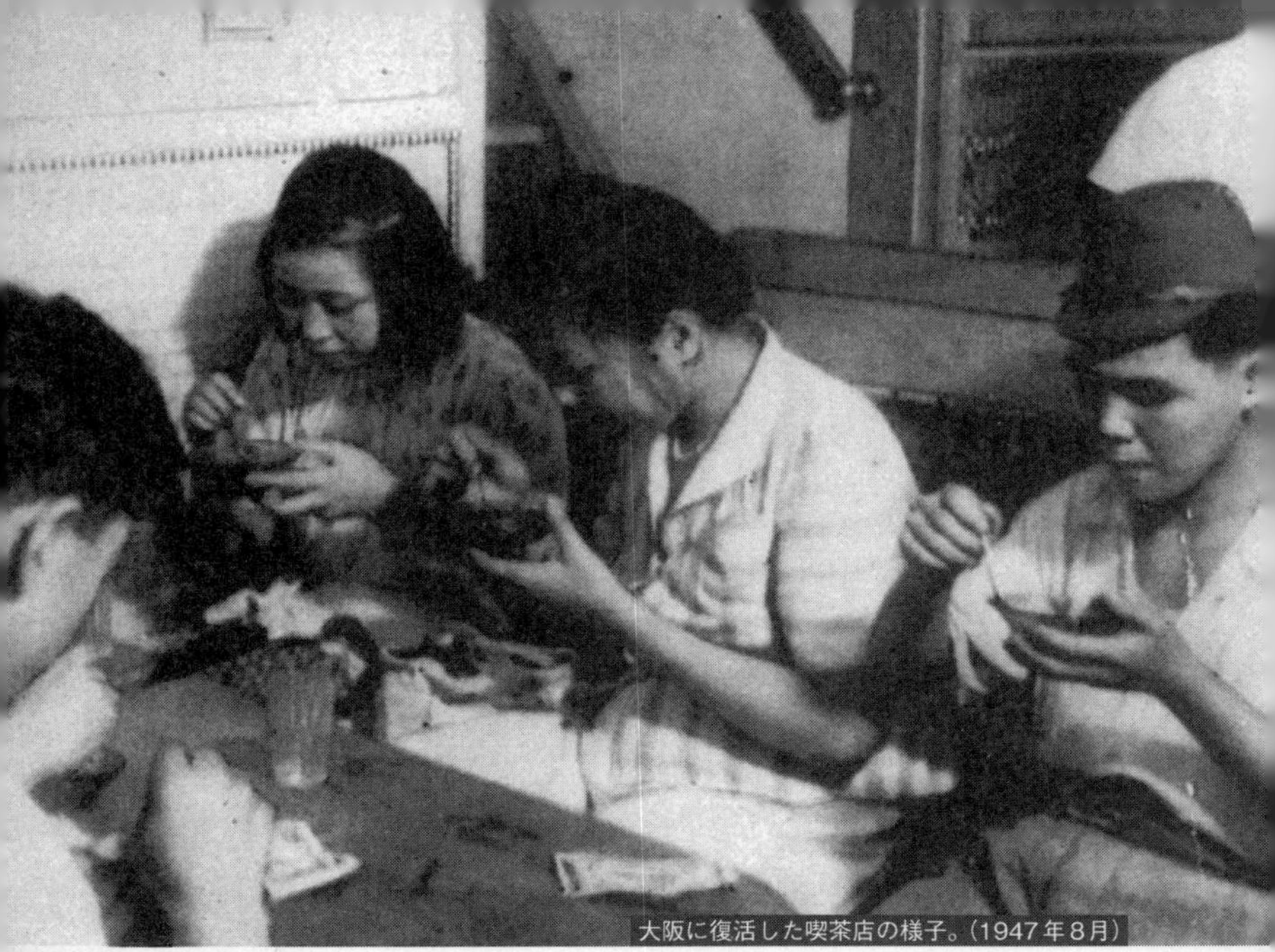
大阪に復活した喫茶店の様子。(1947年8月)

# 喫茶店が激増する

1949年から1952年にかけては、それまで配給制だった酒、みそ、砂糖、小麦粉、イモ類、**コーヒー豆**などが次々に自由販売になっていった。

その中でもコーヒーの復活は比較的早かったといえる。

戦前から軽食やコーヒーを提供する**喫茶店**は文化人や知識人が通うモダンな場所として人気があったが、戦争でコーヒー豆の輸入が途絶え物資が不足すると、経営は成り立たなくなっていた。

街に喫茶店が復活したのは1947年頃のことだ。

コーヒー豆はまだ輸入されておらず、代用コーヒーや、アメリカ軍の放出品のコーヒーに駐留兵（ＧＩ）の名をつけた**「ＧＩコーヒー」**を提供していた。

コーヒー豆の輸入が再開されたのは１９５０年だったが、当時東京都内にある喫茶店は、２３００軒ほどだった。それが１９５２年には５５６２軒、１９５３年には６５００軒と、わずか3年で3倍近い数になっている。

現在はコーヒーといえばカフェやファストフード店で飲むのが主流だが、当時はそのほとんどが個人経営の喫茶店であった。

喫茶店の数が特に多かったのがオフィス街だ。当然**生き残り競争も苛烈**で、コーヒーの味だけではなく、最新のジャズをＢＧＭとしてかけたり、美人の店員が給仕をするなどの経営努力がされていたようだ。

## 焼き芋屋の復活

同時期に復活したのが、**焼き芋屋**である。

戦前は、東京都内だけでも１０００軒以上あった焼き芋屋だが、戦時中の食糧統制によって開店休業状態となっていた。

１９５０年にイモ類の統制が解除されると、冬を待たず9月には店を開ける者もいた。とはいえ、廃業した店も多く、再び開店できたのは３２０軒にすぎなかった。

道端で手軽に買うことができる石焼き芋の懐かしい味に、市民たちは舌鼓を打ったのである。

東京都内で始まったビヤホール。席のそばには、盗難防止のために自転車が置かれている。（1949年6月）

# ビヤホールが営業を始める

アルコール事情も少しずつ改善していった。1949年6月には**ビヤホール**が復活し、東京都内では21ヵ所が営業を開始した。ビールの値段は1杯150円程度で、カストリ酒1杯50円に比べるとかなり高価だった。

1951年には安価なウイスキーのトリスを専門に出すバーが東京の池袋と大阪の北区に開店した。のちに、大衆酒場として大流行した**トリスバー**のはしりである。

喫茶店やビヤホールは、庶民のささやかな楽しみの場である。その復活は、日本の社会が社交などの楽しみに目を向ける余裕ができたことの表れともいえるだろう。

# しだいに改善されていく生活環境

## 毎日のように停電になる

戦後、どうにか生き延びた日本人が生活していくうえでは、食糧はもちろんのこと、燃料の不足が深刻な問題だった。

都市ガスの施設は繰り返された空襲で徹底的に破壊され、頼みの石炭や薪《たきぎ》は戦時中からの配給制が続いていたのである。

そんななか、かろうじて確保できていた電気を使って煮炊きができる**電熱器**（電気コンロ）がたいへん重宝された。

火を点すかわりに電気で鉄線を加熱する方式の電熱器は、電源さえあればすぐに使えることから、大正時代には「電気カンテキ」など呼ばれすでに普及していた。

ところが、戦後に出回ったそれは無駄に電気を必要とする粗悪品が多かったため、あちこちの家庭で夕食の準備のためにいっせいに使い始めると急激に電圧が低下し、**連日のように停電騒ぎを引き起こしていた**のだ。

あまりに頻繁に停電が起きることから、当時は「停電ブーム」という皮肉たっぷりの言葉も生まれたほどだった。

ちなみに、戦後つくられた電熱器には不要

手作りの電気パン焼き器でパンを作る子供たち。(1947年)

になった軍需用の鉄線が使われることもあったという。

## 改善する電気事情

苦肉の策だったのだろう、電力会社から「午後4時30分から8時30分まで電熱器の使用を控えてほしい」と依頼が出されたという話まで残っている。

節電を呼びかける手製のポスターも街のあちこちに貼られ、人々は不便な暮らしを強いられたのである。

その後、1951年の電気事業再編成令により全国に9つの民営電力会社が設立され、電気事情はしだいに改善していった。

# 終戦直後から花開いた映画産業

## 邦画も洋画も大人気

　戦禍によって建物が傷つき、イスが足りなくても、映画館には多くの人が集まった。

　戦後の日本映画の第1作は、1945年10月に公開された松竹製作の『そよかぜ』だ。戦前に輸入され、お蔵入りになっていたアメリカ映画『ユーコンの叫び』も12月に公開され、**映画館の扉が閉まらないほどの満員状態という人気ぶりだった**。

　翌年からは西部劇を中心に続々と輸入映画が公開され、子供から大人までが夢中になった。

## ＧＨＱの指導でキスシーンが入る

　戦後の映画産業は、ＧＨＱの管理下にあった。映画を日本に**民主主義を啓蒙するための重要なツール**と位置づけていたためである。

　ＧＨＱは、映画会社の代表を招いて、映画表現における軍国主義の撤廃、自由主義の促進、平和主義の設定を通達した。

映画館の前で列をつくる人々。（1945年12月）

市民にとって衝撃的だったのが、1946年に封切られた映画『はたちの青春』だ。戦前・戦中には考えられなかったキスシーンが盛り込まれていたのである。

しかも、その**キスシーンはGHQの指導のもとに強制的に挿入されていた**。

それまでの日本映画の中では、キスシーンどころか手をつなぐ場面もなかった。ところがGHQによる検閲が始まると、個人の自由意思に基づく恋愛描写にはキスシーンが不可欠という方針が打ち出された。

このため、親の決めた相手ではなく自分の意志で結婚する男女を描く『はたちの青春』には、2ヵ所のキスシーンが加えられた。「接吻映画」として大評判になったこの作品は、GHQによる民主化啓蒙映画第一作とも言い換えることができるのである。

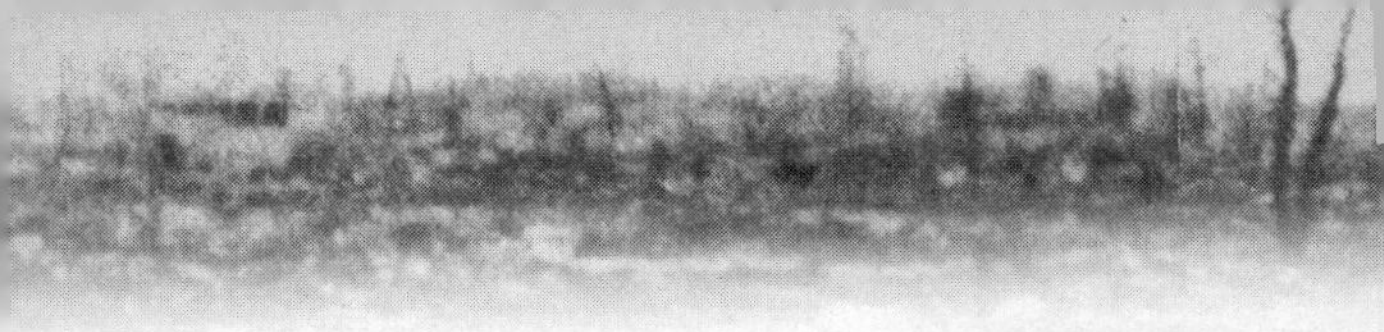

## エロ・グロ・ナンセンスが大人気

戦中は文化的な活動が抑圧されていたが、戦争が終わると、大衆の文化的欲求はしだいに息を吹き返してきた。

なかでも、戦後次々に創刊されては消えていった大衆向け娯楽雑誌の代表格である**カストリ雑誌**は街角で売られて大人気となった。『真相』『実話』『変態集』『狂艶』など、扇情的なタイトルの雑誌が次々に創刊されたが、あまりに競合が多かったために3号発行できればいいほうで、1号出してはつぶれてしまう雑誌も多かった。「3号出せばつぶれてしまう」という状況から、当時流行していた「3合飲めばつぶれる」という密造酒・カストリ酒になぞらえて、「カストリ雑誌」と呼ばれたのである。

豊かな胸を露出した女性などのイラストの表紙に彩られ、**エロ・グロ・犯罪・ナンセンス**記事などを中心に扱うカストリ雑誌の人気は高かった。

わいせつ出版物として摘発された雑誌『猟奇』の第2号には、陸軍大佐の家に下宿していた中学生が夫人の入浴を覗き見たり、夫の

警視庁に押収されたカストリ雑誌の数々。（1948年4月）（写真提供：共同通信社）

留守中に夫人と防空壕の中で関係を持つなどといった場面が描かれていた。

## 出版社の数は現在よりも多かった

戦時中の言論統制下では、体制にそぐわない思想や言論は、情報局による検閲などによって厳しく規制されていた。

その結果、書籍などの出版は自由にならず、出版業界は閉塞感に包まれていた。

それが、終戦直後の1945年、GHQが「言論及び新聞の自由に関する覚書」を日本政府に対して通達したことで状況は急激に変わった。その内容に従って、内務省が新聞事業令、言論・出版・集会・結社等臨時取締法を廃止

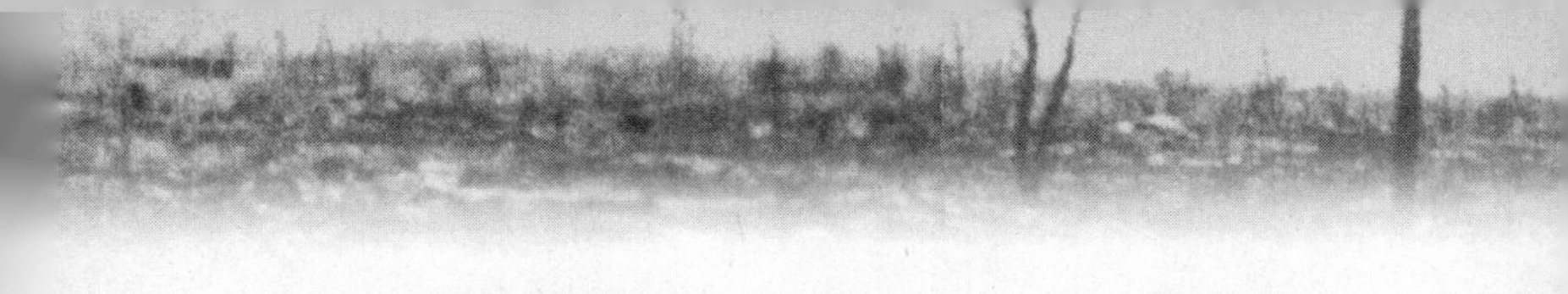

したのだ。

ＧＨＱ司令部による校閲は受けるものの、言論出版の自由が実現したことで、**空前の出版ブームが到来した。**

戦争中は休刊していた雑誌も復刊し、新雑誌も次々に創刊された。出版社もみるみる増えて、１９４５年には４５８１社を記録したのである。２０１４年時点の出版社数が約３５００社であることと比べても、当時の出版社がいかに多かったかがうかがえる。

## 粗悪な用紙に刷られた庶民の娯楽

言論は自由になり、出版も自由になったとはいえ、当時はまだ物資が不足していた。

出版用紙もまた同様で、日本出版協会が一括して割り当てていたため、なかなか十分に行き渡らなかった。

そんな状況のなか、ヤミのザラ紙やくず紙を再利用した仙花紙《せんかし》という**粗悪な用紙**に刷ったカストリ雑誌が街角などでも売られるようになり、**庶民の娯楽**としてまたたく間に普及したのである。

## 本を求める人が徹夜の行列をつくる

カストリ雑誌のような娯楽本だけではなく、哲学的な出版物や読み物も戦後の出版ブームを支えた。

当時の人気本を見ると、太宰治の『斜陽』、

西田幾多郎全集発売の前夜に岩波書店の前で徹夜する人々。3日前から列ができ始めて、2日で200人ほどになったという。

ドストエフスキーの『罪と罰』、永井荷風の『腕くらべ』、夏目漱石の『夏目漱石全集』、吉川英治の『新書太閤記』など近代文学を代表するそうそうたる書名が並んでいる。

1947年7月20日付の朝日新聞には、上記の写真が掲載されている。

出版元となった岩波書店営業部の前には、16日の夕方から**行列ができ始めた**。布団やゴザなどを携えたたくさんの若者たちが、近代日本最大の哲学者の著作の発売を待って夜を明かしていたのだという。

戦時下の出版や言論統制にあって文化的なものに飢えていた若者や大人たちがこぞって名著を買い求めたのである。

ちなみに、カストリ雑誌は3、4年で姿を消したが、実話系・エロ・グロなどジャンルを分けた形で継承されていった。

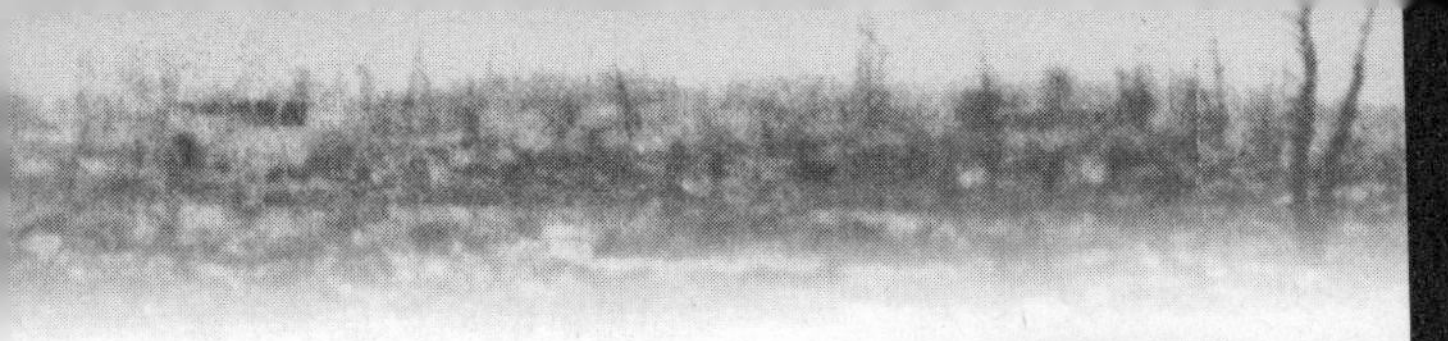

# 8年かけて全国を巡幸した昭和天皇

## 庶民的な姿であらわれた天皇

「あ、そう」という言葉が、戦後の日本で大流行したことがある。

このフレーズは、昭和天皇が全国を巡幸した際に国民との会話の中で多用したもので、そのために大流行したのである。

巡幸の途中で長崎の雲仙岳に登頂した際、同行していた侍従長の「陛下、あれが**阿蘇山**でございます」という言葉に、**「あ、そう」**と答えたというのがもっとも有名なエピソードだ。

ちなみに、「あ、そう」は昭和天皇がよく使う言葉だったので、これがユーモアのつもりだったのかは定かではない。

昭和天皇は１９４６年2月の神奈川県を皮切りに、沖縄を除く全国各地に巡幸に出た。

最初の訪問地は神奈川県の川崎、鶴見、横浜の工場街や商店街、戦災者共同住宅だった。

御料車から降りた天皇は、背広にソフト帽という**じつに庶民的な装い**だった。そして天皇は、詰めかけた人々の声援に応えて**帽子をとって挨拶した**のである。

声を聞くことはおろか姿を見ることすらかなうはずもなかった天皇のあまりにも気取ら

東京の福祉施設を訪問した昭和天皇と香淳皇后（左端）。（1948年10月）

ない振る舞いに、市民は驚き、そして熱狂した。

巡幸は**「天皇は人間である」**という事実を市民たちにまざまざと見せつけたのである。

## 人間天皇を印象づける

日本の敗戦が決まると、連合国の中からは天皇の戦争責任や天皇制の廃止を求める声が強くあがった。

しかし、アメリカとしては日本の占領政策と民主化のために天皇制を利用したいという目論見があった。このことが、天皇巡幸を実現させたともいえる。

1946年元日、昭和天皇は巡幸に先立って、「天皇を現御神《あきつみかみ》とするのは架空の観念であ

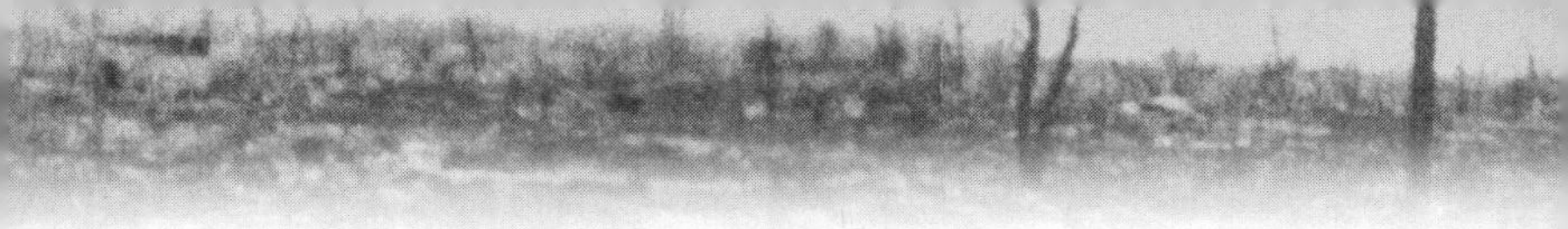

る」という、いわゆる**「人間宣言」**を行った。

そして、天皇がみずから各地に赴いて国民に話しかけることで、「人間天皇」の印象をより強烈に印象づけようとしたのだ。

実際、敗戦に打ちひしがれ、戦後の物資不足や食糧難に困窮していた国民たちは、天皇の姿を見て、声を聞くだけで涙を溢れさせ、歓声をあげた。

１９４７年12月に原爆投下後初めて訪問した広島市でも、5万人の市民が天皇に一目会いたいと詰めかけたのである。

## 国旗の掲揚は禁止

ところが、各地で天皇を歓迎する市民たちのあまりの熱狂ぶりに、ＧＨＱは危機感を覚えることになった。天皇が中心となり国を治めるという戦前の思想の再来を懸念したのである。

そこに、ＧＨＱによって**禁止されていた日の丸の掲揚が沿道の市民によって行われる**というハプニングが起きた。

ＧＨＱは、１９４８年に巡幸の一旦停止を決めた。折りしも極東軍事裁判の最中であり、天皇の退位なども取り沙汰されていた時期のことだった。

その後、昭和天皇の熱心な希望もあり、巡幸は１９４９年に九州から再開された。

四国の道後温泉を訪れた際には、斉明天皇以来１３００年ぶりに天皇が温泉に入浴したとあって、地元は興奮に包まれた。

そして１９５４年、巡幸最後の地となった

（右）大阪巡幸の様子。警備スタッフが空砲を撃っても混乱は収まらなかった。
（左）福岡の三池鉱業所三川鉱では、作業服で坑内を歩かれた。

北海道の旭川では、じつに15万人もの市民が天皇を熱狂的に歓迎したという。

## 沖縄にだけは行けなかった

足かけ8年で全国を回った巡幸だが、激しい地上戦が繰り広げられた沖縄だけは巡幸地からはずされた。

その後、1987年に予定されていた沖縄訪問も開腹手術のため断念せざるを得ず、**ついに昭和天皇は沖縄の地を踏むことはかなわなかった**。

その意思を受け継いだ昭仁上皇は、皇太子時代の1975年を皮切りに、折に触れて沖縄の地を訪れているのである。

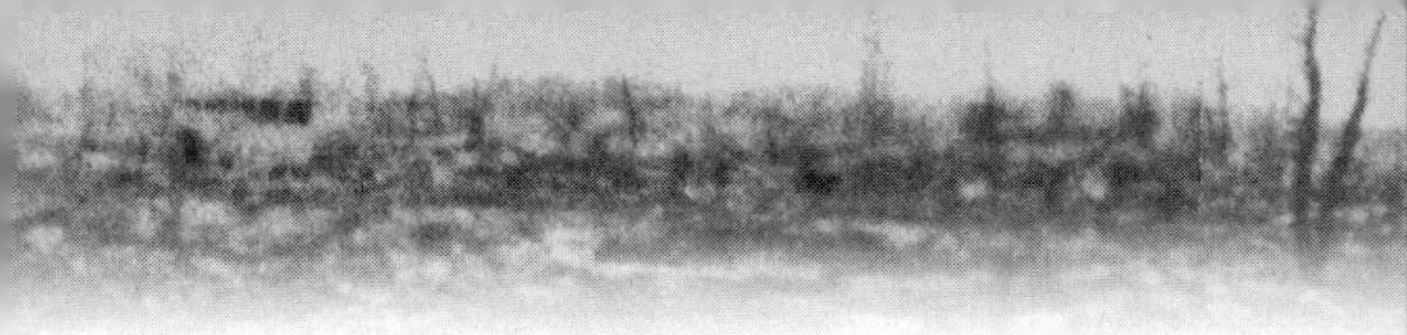

# 日本人を勇気づけたスターたち

## 金メダリストよりも速かったトビウオ

1948年、第2次世界大戦後初となるオリンピックがイギリスのロンドンで開催された。

ところが、敗戦国である**日本のロンドンオリンピックへの参加は認められなかった**。戦後の復興も急ピッチで進むなか、日本はあらためて敗戦という現実を突きつけられたのである。

じつはこの一件が、**「フジヤマのトビウオ」**とたたえられた**古橋廣之《ひろの》進《しん》**の名を世界に響かせる布石になったともいえるのだ。

静岡県の浜名湖畔の町で生まれ育った古橋は、浜名湖の一角を区切ったプールで水泳を覚え、自由形で学童の日本新記録をつくるなど、みるみるその才能を開花させた。

戦時中には動員先の軍需工場で左手の中指を切断するという事故に遭ったが、そのハンデをもろともせず水泳を続け、戦後開催された日本選手権では、公認記録にこそならなかったものの2つの世界新記録を打ち立てたのである。

そして、出場すれば金メダルは確実といわ

「フジヤマのトビウオ」と呼ばれた古橋廣之進。

れたロンドンオリンピックの決勝と同日・同時刻に開催された全日本選手権で、1500メートルの自由形で**オリンピックの優勝記録を40秒以上**、400メートルでも**7秒以上回る世界新記録をマークした**のだ。

明治神宮の外苑プールは進駐軍に接収され、ふんどし姿の日本人は入場を禁じられていた時代である。

人々は茶の間に置かれた真空管ラジオから流れる実況中継に耳を傾け、オリンピックの出場を逃した古橋の快挙に手を取り合って喜んだという。

さらに1949年、日本水泳連盟が国際水泳連盟に復帰を果たしたことで出場が認められた全米水上選手権でも、古橋は驚異的な世界新記録を樹立した。

アメリカのマスコミが「フライング・フィッ

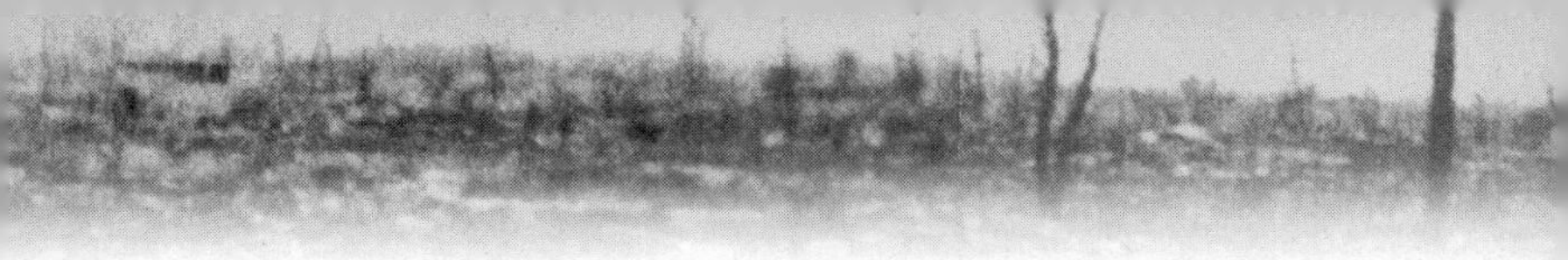

シュ・オブ・フジヤマ」と彼の活躍をたたえたのはこの時である。

　オリンピックのメダルにこそ縁がなかったが、生涯で世界記録を33回も塗り替えた古橋は、戦後うつむきがちな日本人の希望の光だった。

## ボストンマラソンを制覇した日本人

　古橋同様に世界のスポーツ界から日本に明るい話題を届けたのが、1951年のボストンマラソンに日本人として初出場を果たした**田中茂樹**だった。

　彼はアウェーともいえるアメリカで、しかも世界最古の市民マラソンであるボストンマラソンにおいて、**大会歴代3位という好記録で優勝した**のだ。

　レース中に田中が**地下足袋を履いていた**ことも日本人を喜ばせた。マラソン用に底をゴム敷きにこそしたものの、日本古来のスタイルが世界を相手に真っ向勝負を挑み、みごとに勝利したのである。

　田中の優勝は、彼が広島県出身だったこともあって**「原爆を生き残ったアトムボーイの快挙」**として大きく報じられた。

　さらに田中とともに走った3人の日本人が全員9位以内に入るという結果は、マラソンが日本の〝お家芸〟といわれるきっかけにもなった。

　こうして一躍時の人になった〝アトムボーイ〟は、その後箱根駅伝にも出場し、高記録を残している。

（右）ボストンマラソンで、トップでゴールする田中茂樹。
（左）ノーベル物理学賞を受賞した湯川秀樹。

## 日本人初のノーベル賞受賞

こうした戦後の日本人の偉業は、スポーツ界だけにとどまらなかった。1949年には、物理学者の**湯川秀樹博士**に日本人初のノーベル賞が授与されるというニュースが報じられたのである。

新聞各紙は号外を出して「万歳！」とその功績をたたえ、当時は博士にちなんだ「秀樹」という名前を子供につける親が相次いだという熱狂ぶりだった。

相次いで各界に現れたスターの存在によって、日本人は笑顔を取り戻したと言ってもいいだろう。そうして日本は再び国際社会の一員となるべく歩み始めたのだ。

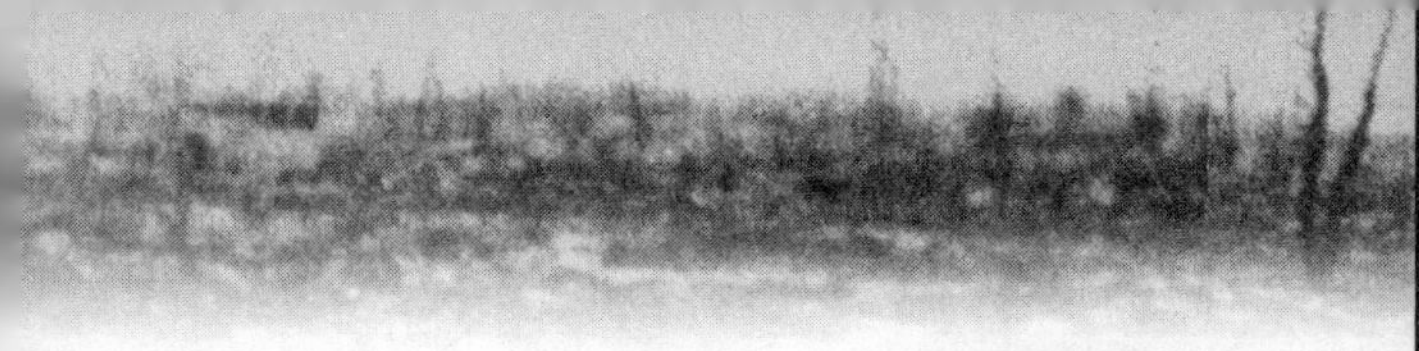

# 多くの分野で活躍を始める女性たち

## 日本初の婦人警官と女性代議士

戦後の民主化の流れの中で、もっとも重要なもののひとつが女性たちの活躍だ。さまざまな分野において、女性が自由に自己主張できるようになっていったのである。

１９４６年２月には新聞に**婦人警察官**を募集する広告が載った。

制服は一流デザイナーが意匠をこらし、待遇は一般警官並み、応募資格は20歳から30歳までの女学校卒となっていた。４月には、警察学校の卒業式が行われ、日本初の婦人警官が誕生したのである。

政治の世界にもこの波は訪れた。

１９４６年５月17日、39人の**女性代議士**が国会議事堂の議席に座った。

４月の第22回衆議院議員総選挙において、各党派合わせて89人の女性候補者のうち半数近くとなる39人の候補者が当選したのである。

文部省や内務省は、**「御婦人方投票をお忘れなく」**などと書かれたポスターを街のあちこちや駅などに貼って、女性たちに投票へ行くことを促した。

戦前から続いていた女性の参政権を求める

食糧メーデーに参加する女性たち。(1946年5月)

運動は、はからずも占領軍の施策によって結実することになったのである。

## デモに参加して自己主張する

一般家庭の主婦や若い女性たちもさまざまな場面で自由に自己主張できるようになっていった。

女性が社会に出て公然と意見を主張できるようになったことで、**デモなどに参加する動き**も活発になった。

1948年には、東京で「主婦連合会」が結成された。

主婦連合会のテーマは、物価の引き下げや生活必需品の中から粗悪品を追放しようとい

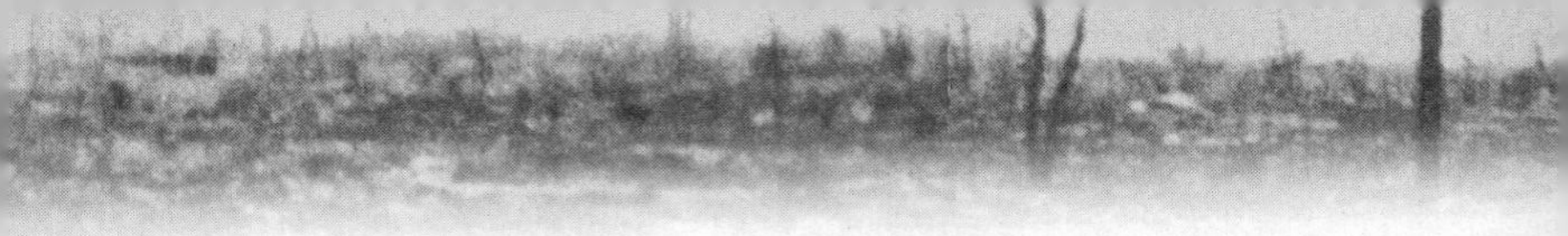

うものだった。
彼女たちはデモ行進の時に、「ヤミ米追放」などと書かれたしゃもじ型のプラカードを掲げて練り歩いたのである。
この主婦連合会は、消費者運動の代表格として成長していく。

## ミスコンで美しさを競う

女性がその美しさを競うミスコンテストも終戦後に始まったもののひとつだ。

アメリカの援助団体から提供され、戦後の食糧難を救ったララ物資への感謝を伝える女性の親善使節を選ぶために開催されたのが、第1回の**ミス日本コンテスト**だ。


この時グランプリに輝いたのはのちに大女優となった**山本富士子**である。彼女は昭和美人の代名詞となり、テレビや映画で活躍することとなる。

その他にも美しさを競うさまざまなミスコンテストが全国各地で流行した。

１９４７年７月に東京の後楽園で開催された「ミス日本選抜野外舞踏大会」で優勝した女性は厚生大臣賞と賞金1万円を獲得したという。

街を歩く一般の女性たちも、スタイルが欧米並みに近づき、意識も解放されていくにつれてファッションへの関心が高まっていく。

また、１９４９年７月には和江商事から天然ゴム製の**ブラパッド**が発売され、少しでも胸を大きく見せたい女性たちの間で大ヒット商品となった。

初代ミス日本の山本富士子（中央）。当時18歳で、受賞後はアメリカのテレビにも出演した。

# 女子プロ野球が始まる

１９４７年、横浜のゲーリック球場では、民間貿易再開を祝う行事のひとつとして日本初の**女子野球大会**が開催された。

プロ野球のチケット代が15円だった時代に、入場料が25円と高額だったにもかかわらず、**2万人もの観客が詰めかけた**。

その後、初めての女子プロ野球公式戦としてトーナメント試合が行われた１９５０年4月10日には、会場となった後楽園球場に１万７０００人の観客が集まり、女性たちの活躍に熱い声援を送ったのである。

敗戦でアメリカ文化が浸透したことで、女性の活躍の場が広がったともいえるだろう。

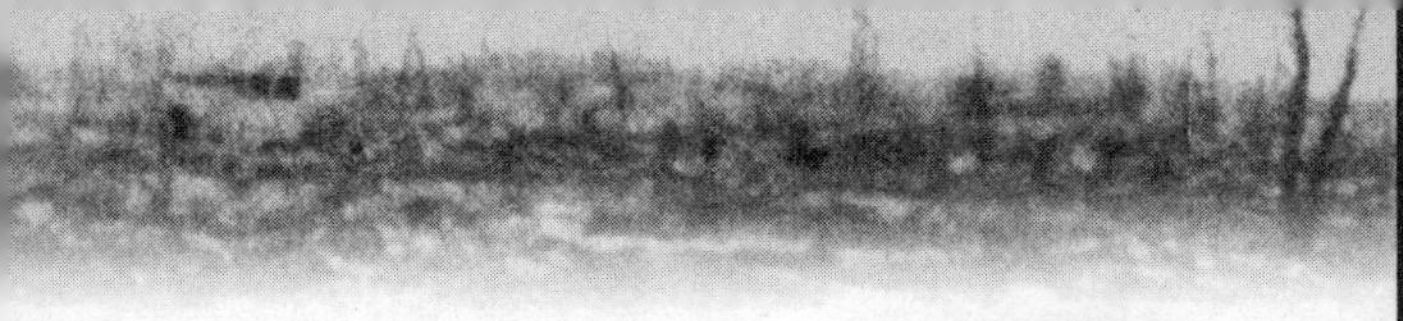

# 独立国としての再出発

## 国際社会への復帰

1952年4月28日、敗戦以来、約7年間にわたって続いていた連合国による日本占領が終わった。

前年の9月8日にアメリカのサンフランシスコで第2次世界大戦の交戦国と結んだ講和条約が発効されて、日本は再び**国際社会に復帰した**のだ。

9月4日から行われた講和会議では、おもに日本の主権回復や日本への賠償金の請求、領土の規定などについて確認が行われた。

その結果、日本は集団的安全保障条約に参加できるようになり、賠償金については一部の国を除いて基本的には問われないことになった。

また、領土に関しては、日本は朝鮮の独立を承認して済州《さいしゅう》島と巨文《きょぶん》島、鬱陵《うつりょう》島を放棄すること、さらに台湾と澎湖《ほうこ》諸島、南樺太と千島列島を放棄することが確認され、沖縄と奄美、小笠原諸島はアメリカの統治下に置かれることになった。

この条約に日本を含む49カ国が署名し、**サンフランシスコ講和会議**は閉幕した。

サンフランシスコ講和会議で演説を行う吉田茂。(1945年9月)

## 中国は会議に参加しなかった

サンフランシスコ講和会議には52カ国が出席していた。第2次世界大戦で日本に宣戦布告した国々である。

このうち、共産圏のソ連とチェコスロバキア、ポーランドの3カ国は講和条約に調印しなかった。その理由は、同じ共産主義国である**中国**が会議に参加していなかったからだ。

中国は、日本の最初の交戦国だったが、**内戦の混乱が続いていたため講和会議に招請されなかった**のだ。

中国では、第2次世界大戦が終わると内戦状態に入り、**国民党**(中華民国)と**中国共産党**(中華人民共和国)が覇権争いを繰り広げ

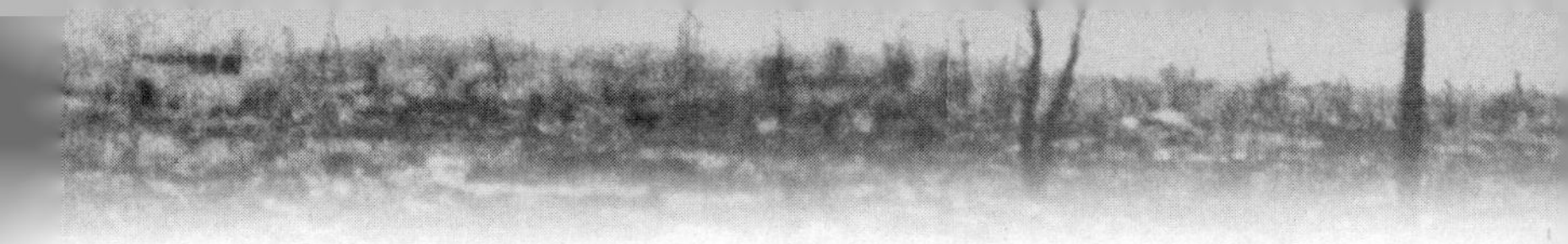

て国内が分裂していた。そして1950年、ソ連の支援を受けた中国共産党が国民党を破り、国民党は台湾に逃れた。

それによって大陸は中国共産党が支配することになったのだが、アメリカは中華民国の参加を支持した。一方、イギリスは、中華人民共和国を承認しており、**どちらを招請するか意見が分かれた**のだ。

結局、中国は会議に招かれず、どちらと国交を回復させるかは日本に任せるという形になった。ソ連など3カ国は、中華人民共和国が招請されていないことを理由に会議の無効を訴えて署名を拒否したのである。

また、韓国は参加を要求していたものの、連合国共同宣言に署名していなかったことや、日本と交戦していないことを理由に参加が叶うことはなかった。

これが、今日に続く北方領土や尖閣諸島、竹島の問題につながっていくのである。

## アジア諸国へ経済協力や援助を行う

先に述べたように、連合国は基本的には、日本への賠償金の請求はしないことで合意した。ただ、フィリピンと南ベトナムが賠償の放棄に反対したため、この2国とは後日交渉することになった。

また、ビルマ（現ミャンマー）とインドネシアは締約国ではなかったが、日本は個別に平和条約を結び、それぞれに720億円と802億円の賠償金を支払っている。

加えて、日本は戦後賠償の一環としてアジ

（右）アメリカの日本大使館には開戦以来久々に国旗が掲げられた。（1952年９月）
（左）講和会議に乗じて各国の国旗を売る商店。（1951年９月）

ア各国に経済協力や援助を続けている。

## 現代に続く決断

サンフランシスコ講和条約を見届けていた日本国内では、独立の回復を祝う声で湧いた。

だが、調印したのが西側諸国だけという片面講和で、共産圏の東側諸国が含まれていなかったことを社会党などが強く批判した。

さらに、サンフランシスコ講和条約に調印したその日に、当時の吉田茂首相が**日米安保条約**に調印したことで、日本は冷戦における西側陣営に組み込まれ、アメリカの同盟国として以後の道を歩んでいくことになるのである。

# ゼロ戦技術から生まれた現代科学技術

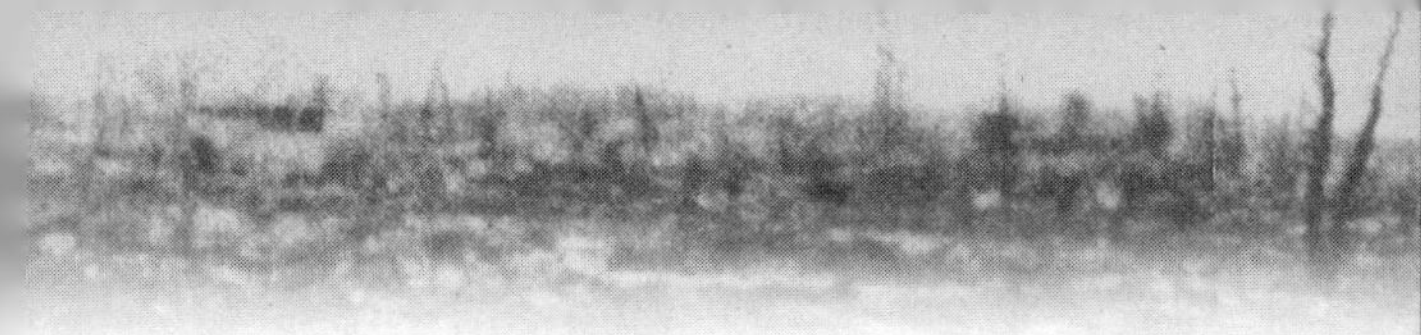

## 夢の超特急が完成する

第2次世界大戦において、もっとも有名な日本軍の兵器のひとつが**ゼロ戦**である。近年も映画や小説の題材として取り上げられ、その設計や技術の高さが評価されている。

そのゼロ戦の技術は戦後の日本でも重要な役割を果たした。そのうちのひとつが、新幹線の開発である。

新幹線の開発は、戦前の高速鉄道計画にまでさかのぼる。1940年に東海道本線と山陽本線の高速列車運行が議会で承認された。**「弾丸列車計画」**と呼ばれ用地買収まで進んでいたこの計画は、戦争により頓挫《とんざ》することとなった。終戦後、それを復活させたのが当時の国鉄総裁だった**十河《そごう》信二**である。

十河は、東海道本線の輸送量が限界と考え、戦前からの弾丸列車計画を復活させようとした。そこで活躍したのがゼロ戦をはじめとした航空機開発に携わった技術者たちだ。

十河はまず国鉄を退職していた技術者・**島秀雄**を技師長として招へいした。島は、**終戦後GHQが航空機の開発や製造を禁止した**ことによって職を失っていた航空技術者たちを

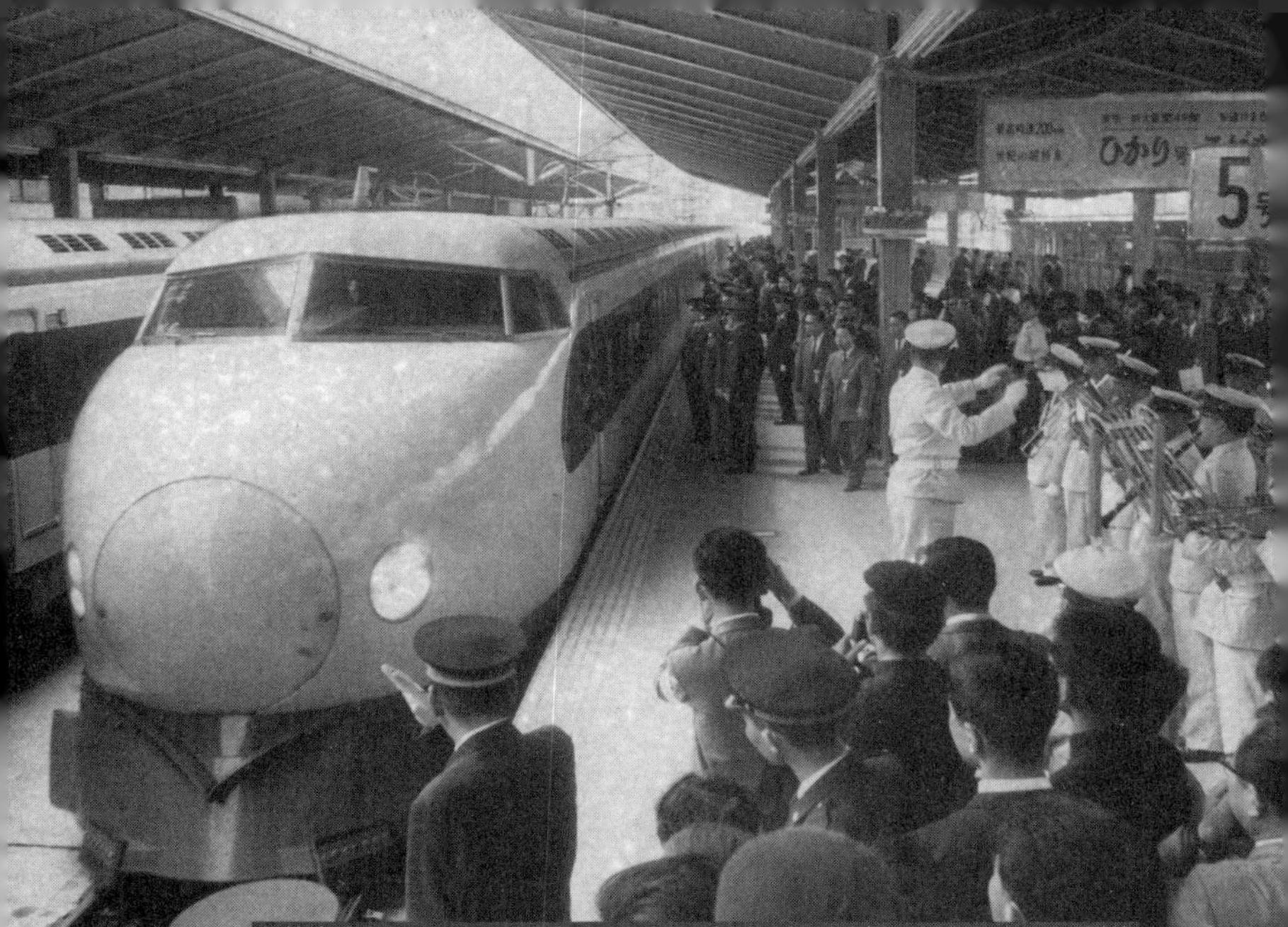

新幹線開通のセレモニーに集まった人々。（1964年10月）（写真提供：毎日新聞社）

積極的に起用し、**「新幹線」**と名前を変えた夢の高速鉄道開発チームをつくり上げていったのである。

そのなかの1人で、鉄道技術研究所にいた技術者・**松平精**《ただし》は、ゼロ戦の空中分解事故の原因を突き止めたことで知られている。

新幹線を走らせるうえで、高速による振動に耐えられる台車の開発は不可欠だった。ゼロ戦の翼振動研究に携わってきた松平は新幹線の振動対策として空気を利用して振動を吸収する「空気バネ」を開発するなど、豊富な知識と柔軟な発想で計画を成功に導いた。

そしてついに1964年10月1日、東京―大阪間を結ぶ**夢の超特急**といわれた新幹線が開業した。

1等客室の料金は東京から新大阪までが5030円、2等が2480円だった。当時

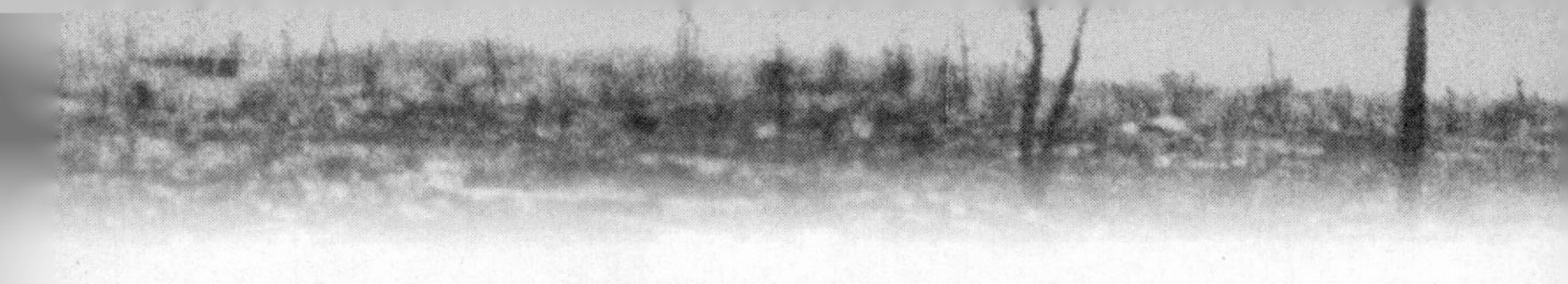

の大卒初任給が2万円程度だったことを考えると、2等でもかなり高額といえるだろう。

戦後わずか20年で成功した新幹線の開業は、世界にも驚きをもって迎えられた。そして東海道新幹線の開業後、世界各国の高速鉄道開発が活発化していく。

新幹線が開業して半世紀以上がたつ今でも、その精密な技術はフランスや台湾などの鉄道開発にも役立っているのである。

## 現代に引き継がれる技術

戦闘機の技術をもとに発展したもうひとつの重要な分野が、**ロケット開発**である。

敗戦によって職を失った航空技術者の中には、後に「日本のロケット開発の父」といわれる**糸川英夫**博士がいた。戦時中、中島飛行機で戦闘機の設計に携わっていた糸川博士は戦後東大教授に就任していた。

ＧＨＱによってなされた航空機の製造禁止の通達の中には、**ロケット開発の禁止という条項は含まれていなかった**。糸川博士はそこに目を付けたのだ。

糸川博士は１９５４年に東京大学生産技術研究所に航空工学、空気力学、飛行力学、電子工学などの研究者を集め、本格的にロケット研究を始めた。

１９５５年、東京都国分寺市の工場跡で、「ペンシルロケット」の発射実験が行われた。全長20センチから30センチという小さな鉛筆のようなロケットから、現在の日本のロケット開発がスタートしたのだ。

国産の新型固体燃料ロケット「イプシロン」１号機は、2013年９月に打ち上げられた。（写真提供:時事）

　糸川博士が開発したペンシルロケットは日本独自のロケット開発の礎となった。

　ペンシルロケットは、即応性に優れメンテナンスも容易な**固体燃料型**だった。ペンシルロケットの技術を進化させてきた日本の宇宙開発技術は現在でも世界トップレベルの水準を誇っている。固体燃料型のロケットは、誘導制御が難しい反面、構造が簡単で扱いやすいというメリットがある。

　２００３年に小惑星探査機**「はやぶさ」**を打ち上げたM-Vなどのミューシリーズ、２０１３年に打ち上げられた**イプシロンロケット**も、この固体燃料型のロケット技術をもとにつくられている。

　戦闘機技術から生まれた小さなペンシルロケットの研究が、現在まで続く日本の宇宙開発の最先端につながっていったのである。

## 【参考文献】

『戦後50年姉妹篇 カラー新発見 アメリカ人の見た日本50年前』（毎日新聞社）、『ザ・クロニクル 戦後日本の70年 第1巻』（共同通信社）、『昭和史の事典』（佐々木隆爾編／東京堂出版）、『戦後史開封 昭和20年代編』（産経新聞「戦後史開封」取材班／産経新聞社）、『「終戦日記」を読む』（野坂昭如／朝日新聞出版）、『モノと男の戦後史』（石谷二郎、天野正子 ／吉川弘文館）、『昭和史七つの謎』（保阪正康／講談社）、『昭和史 戦後篇』（半藤一利／平凡社）、『占領下の映画―解放と検閲』（岩本憲児編／森話社）、『懐かしの昭和30年代』（町田忍／扶桑社）、『ゴミと暮らしの戦後50年史』（市橋貴／リサイクル文化社）、『山口組三代目 田岡一雄自伝』（田岡一雄／徳間書店）、『図説 占領下の東京』（佐藤洋一／河出書房新社）、『開封された秘蔵写真 GHQの見たニッポン』（太平洋戦争研究会編／世界文化社）、『銀座わが街―四百年の歩み―』（銀芽会編／白馬書房）、『GHQカメラマンが撮った戦後ニッポン』（杉田米行編著／アーカイブス出版）、『8月15日の特攻隊員』（吉田紗知／新潮社）、『父が子に教える昭和史―あの戦争36のなぜ?―』（半藤一利、藤原正彦、中西輝政、柳田邦男、福田和也、保坂正康他／文藝春秋）、『刀狩り』（藤木久志／岩波書店）、『ポツダム宣言と軍国日本』（古川隆久／吉川弘文館）、『残留日本兵』（林英一／中央公論新社）、『日本近現代史を読む』（大日方純夫、山田朗、山田敬男、吉田裕／宮地正人監修／新日本出版社）、『歴史群像シリーズ79 実録日本占領』（学習研究社）、『朝日クロニクル20世紀 第4巻1941―1950』（朝日新聞社）、『あの戦争 太平洋戦争全記録 下』（産經新聞社編／集英社）、『決定版 日本のいちばん長い日』（半藤一利／文藝春秋）、『北海道を守った占守島の戦い』（上原卓／祥伝社）、『妻と飛んだ特攻兵 8・19満州、最後の特攻』（豊田正義／角川書店）、『新版 敗戦前後の日本人』（保阪正康／朝日新聞社）、『歴史群像シリーズ［決定版］太平洋戦争10 占領・冷戦・再軍備』（学研パブリッシング）、『1億人の昭和史4 降伏・進駐・引揚』（毎日新聞社）、『東京闇市興亡史』（猪野健治／双葉社）、『戦後経験を生きる―近現代日本社会の歴史』（大門正克・天野正子・安田常雄／吉川弘文館）、『マッカーサーの新聞検閲 掲載禁止・削除になった新聞記事』（高桑幸吉／読売新聞社）、『GHQ作成の情報操作書「眞相箱」の呪縛を解く』（櫻井よしこ／小学館）、『拝啓マッカーサー元帥様』（袖井林二郎／岩波書店）、『原爆と検閲』（繁沢敦子／中央公論新社）、『昭和二万日の全記録7 廃墟からの出発』（野間佐和子・講談社編／講談社）、『原典から読み解く日米交渉の舞台裏 日本国憲法はどう生まれたか?』（青木高夫／ディスカヴァー・トゥエンティワン）、『「日米会話手帳」はなぜ売れたか』（朝日新聞社編／朝日新聞社）、『チョコレートの帝国』（ジョエル・G・ブレナー、笙玲子訳／みすず書房）、『図説 日本国憲法の誕生』（西修／河出書房新社）、『異形の大国 中国―彼らに心を許してはならない―』（櫻井よしこ／新潮社）、『岩波講座 日本歴史22 現代1』（岩波書店）、『歴史群像シリーズ81 戦後事件史』（学習研究社）、『戦後沖縄通貨変遷史』（山内昌尚／琉球新報社）、『犯罪の昭和史2 戦後・昭和20年―昭和34年』（作品社）、『定本 犯罪紳士録』（小沢信男／筑摩書房）、『刑事一代―平塚八兵衛の昭和事件史―』（佐々木嘉信／新潮社）、『庶民たちの終戦「声」が語り継ぐ昭和』（朝日新聞社編／朝日新聞社）、『写説 占領下の日本』（ビジネス社）、『人間交響楽④ 二・一ストと昭電疑獄』（豊田穣／講談社）、『占領期のキーワード１００』（谷川建司／青弓社）、『心の貌 昭和事件史発掘』（柳田邦男／文藝春秋）、『真説 光クラブ事件 東大生はなぜヤミ金融屋になったのか』（保阪正康／角川書店）、『戦後日本経済史』（野口悠紀雄／新潮社）、『昭和史探訪⑤ 終戦前後』（番町書房）、『経済復興と戦後政治 日本社会党１９４５―１９５１年』（中北浩爾／東京大学出版会）、『改訂新版 図説 アメリカ軍が撮影した占領下の日本』（河出書房新社）、『現代史の目撃者 朝日新聞記者たちの昭和事件史』（上原光晴／光人社）、『昭和 二万日の全記録 第8巻 占領下の民主主義』（講談社）、『実録昭和史 激動の軌跡 3 日本再建の時代』（林健太郎監修／ぎょうせい）、『泣いて笑って夢に生きた 昭和時代』（昭和倶楽部編／成美堂出版）、『歴博フォーラム 占領下の民衆生活』（国立歴史民俗博物館編／東京堂出版）、『昭和生活なつかし図鑑』（太陽編集部編／平凡社）、『昭和・平成家庭史年表』（下川耿史編／河出書房新社）、『誰も「戦後」を覚えていない』（鴨下信一／文藝春秋）、『戦後60年』（上野昂志／作品社）、『東京の記憶 焦土からの出発』（田中哲男編著／東京新聞出版部）、『朝日クロニクル 週刊20世紀 １９４５ 昭和20年』（朝日新聞社）、『朝日クロニクル 週刊20世紀 １９４６ 昭和21年』（朝日新聞社）、『朝日クロニクル 週刊20世紀 １９４７ 昭和22年』（朝日新聞社）ほか

**【参考ホームページ】**

外務省、一般社団法人北多摩薬剤師会、海外移住資料館、狛江市ホームページ、ヤンマー、毎日ｊｐ、日本オリンピック委員会、日本トップリーグ連携機構、東京木材問屋協同組合、朝日新聞、福祉新聞、ＮＨＫ平和アーカイブス、ニッケイ新聞、社会福祉法人エリザベス・サンダース・ホームほか

**【写真提供】**

町家古本はんのき http://machiyakosyohannoki.blog114.fc2.com/

# 終戦直後の日本 教科書には載っていない占領下の日本

2020年 8月20日第一刷
2021年 2月 5日第二刷

編　者　　歴史ミステリー研究会

製　作　　新井イッセー事務所

発行人　　山田有司

発行所　　株式会社　彩図社
東京都豊島区南大塚3-24-4
MTビル　〒170-0005
TEL：03-5985-8213　FAX：03-5985-8224

印刷所　　新灯印刷株式会社

URL：https://www.saiz.co.jp
https://twitter.com/saiz_sha




ISBN978-4-8013-0465-9 C0021



本書は弊社より刊行した書籍『終戦直後の日本　教科書には載っていない占領下の日本』（2015年6月発行）を修正のうえ再発行したものです。